Tracing For Toddlers:
Learn to trace Shapes, ABC Letters, Numbers Workbook

This book belongs to:

_____

This book is organized in a progressively skill building way for kids to develop confidence to learn Shapes, ABC and Numbers.

This is a pre-handwriting workbook to give your toddler a preschool head-start with full-page tracing practice.

This book requires guidance from a parent, teacher or care giver to help the child practice tracing.

Meet Jojo.
Jojo is a curious elephant.
He loves to learn and play.
Learn to trace along with Jojo!

Part 1:
Tracing Lines and Learning Shapes

Start at the Circle **1**
Follow the arrows and trace the dotted line.
End at the Stop sign ⬡
Trace with your finger.
Then trace with a crayon.
Read the name of the shape out aloud.

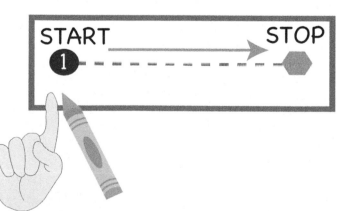

START → STOP

Are you ready? Let's go!

Follow the arrows and trace the dotted lines.

  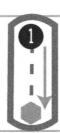  

Follow the arrows and trace the dotted lines.

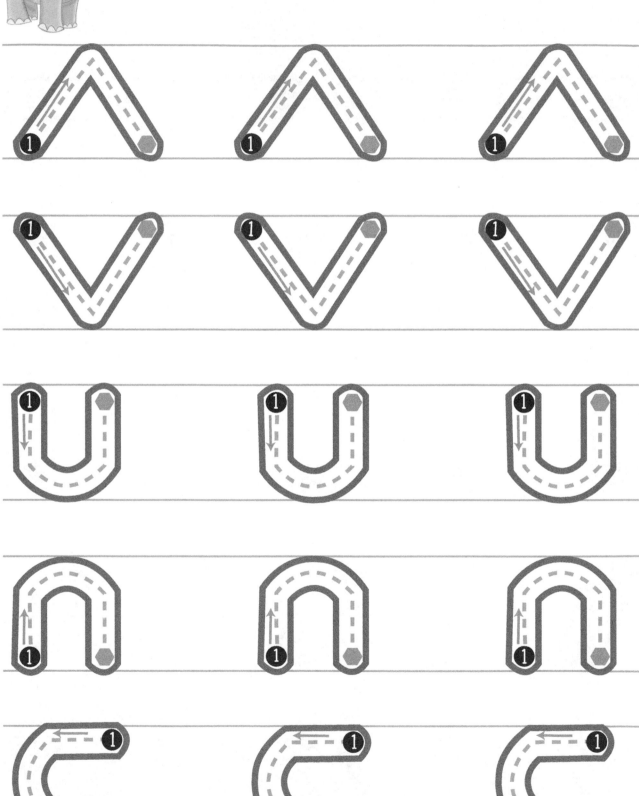

Follow the arrows and trace the dotted lines.

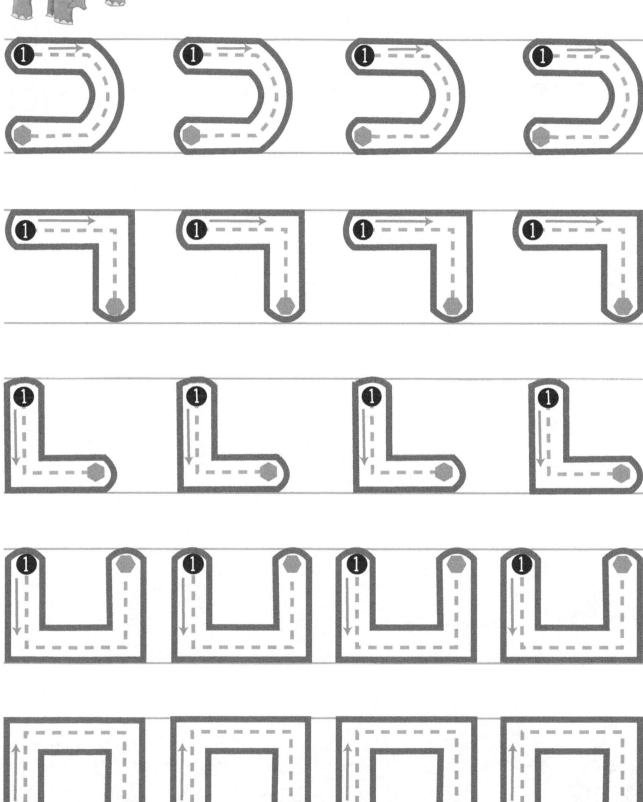

Let's Race!
Trace the paths and help the vehicles reach their finish lines.

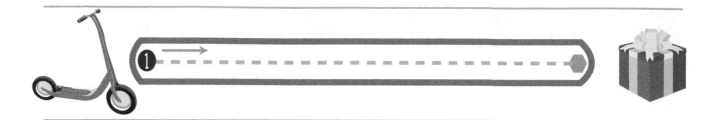

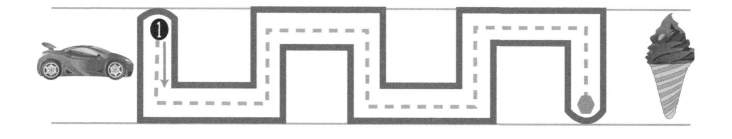

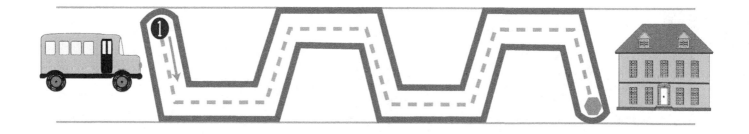

Follow the arrows and trace the dotted lines.

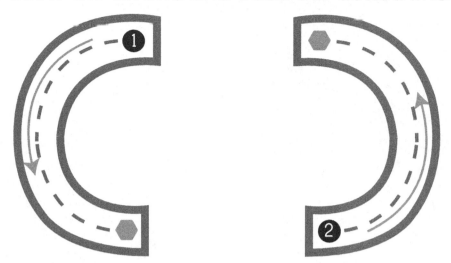

Trace the circle!

CIRCLE

Follow the arrows and trace the dotted lines.

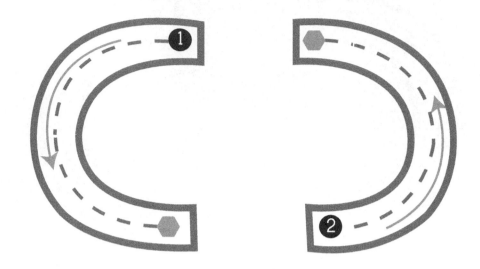

Trace the oval!

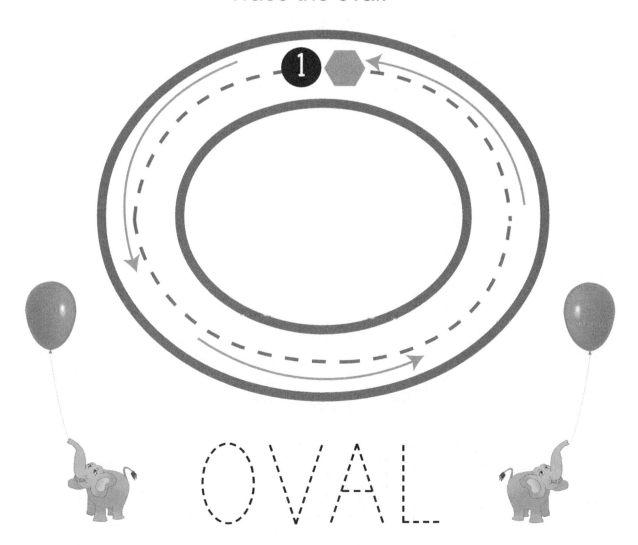

Follow the arrows and trace the dotted lines.

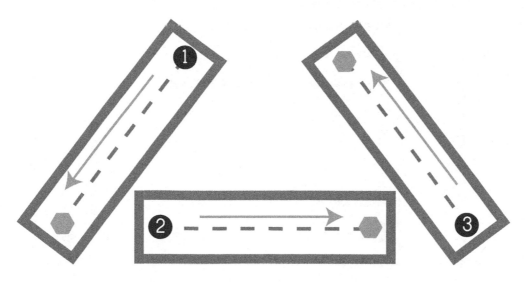

Trace the triangle!

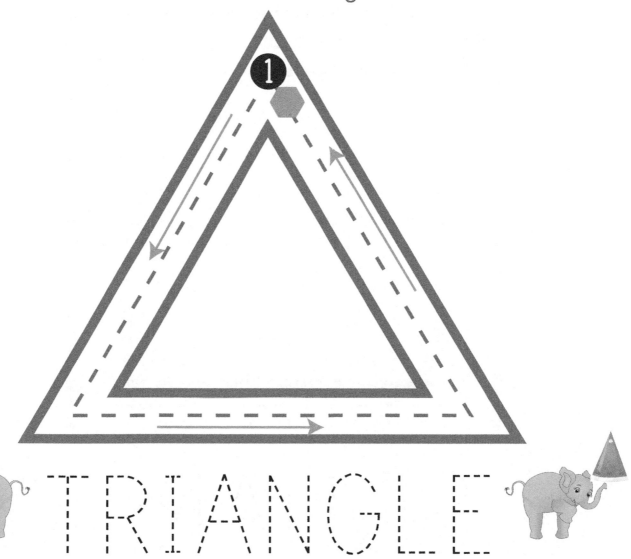

TRIANGLE

Follow the arrows and trace the dotted lines.

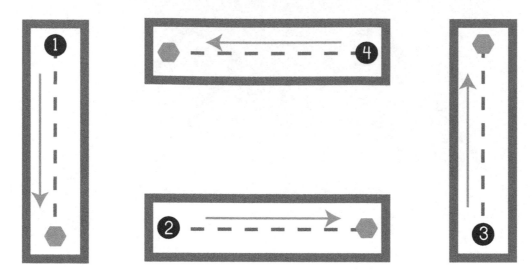

Trace the square!

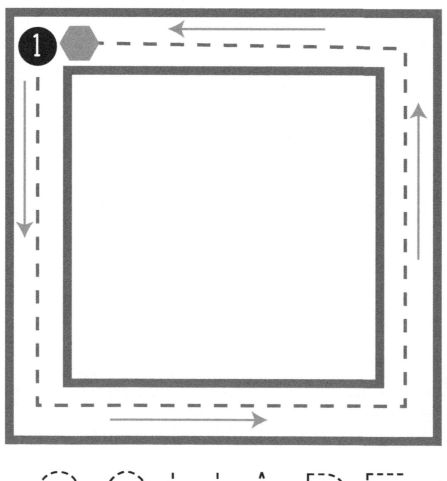

Follow the arrows and trace the dotted lines.

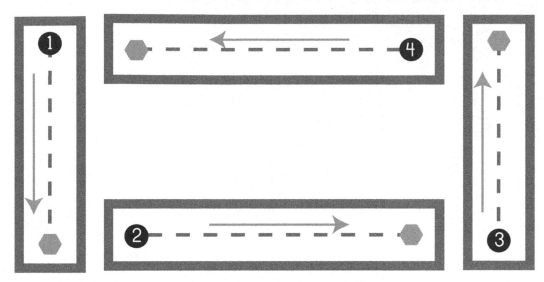

Trace the rectangle!

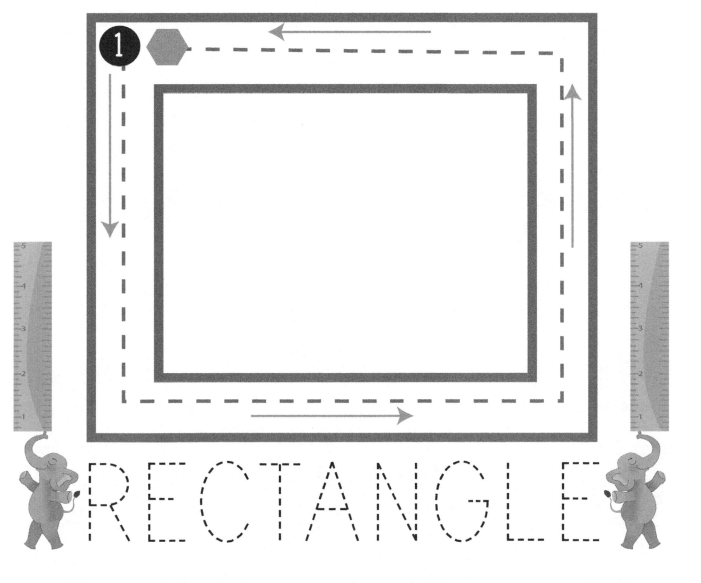

RECTANGLE

Follow the arrows and trace the dotted lines.

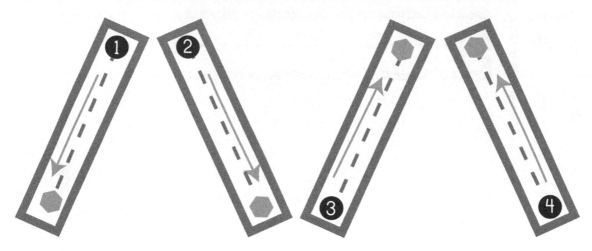

Trace the rhombus!

RHOMBUS

Follow the arrows and trace the dotted lines.

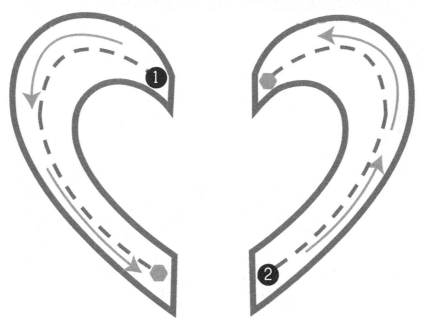

Trace the heart!

HEART

Follow the arrows and trace the dotted lines.

Trace the star!

S T A R

Part 2:

Tracing and Learning Uppercase & Lowercase Letters

Learn to write the letters of the alphabet.
Follow the arrows and trace the dotted line!
Start at the Circle ❶

First use your fingers to trace
and then use a crayon.

Color the picture and read the sight word
out aloud.

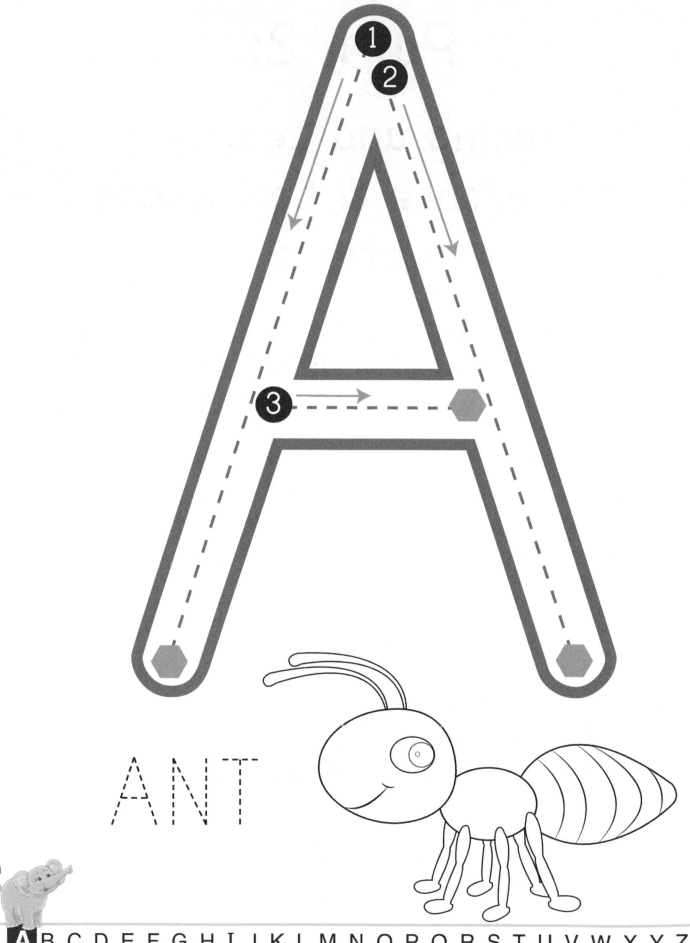

ANT

A B C D E F G H I J K L M N O P Q R S T U V W X Y Z

BEAR

A **B** C D E F G H I J K L M N O P Q R S T U V W X Y Z

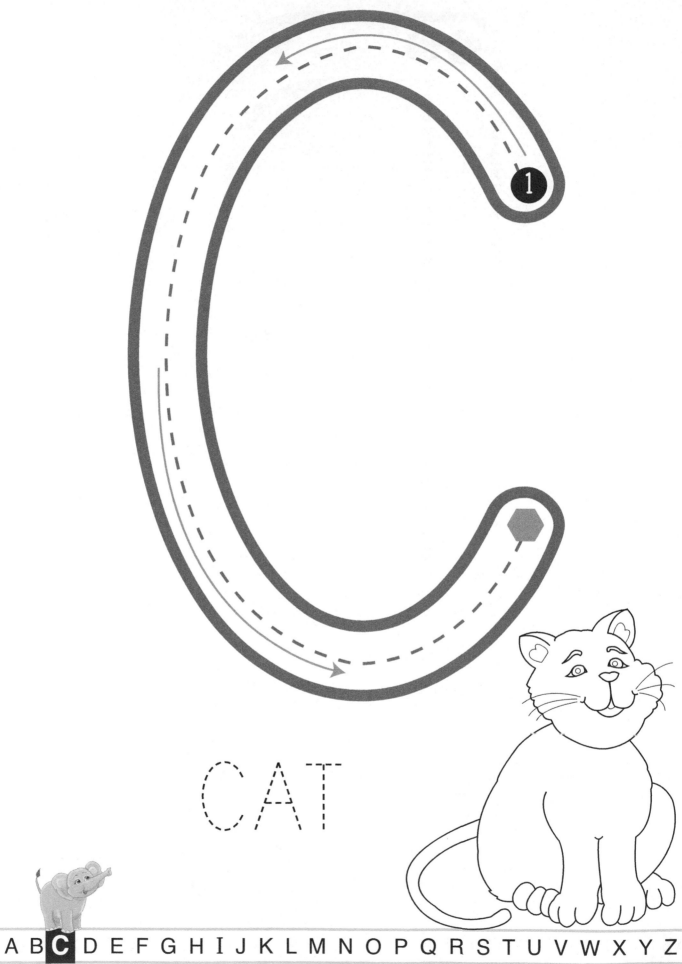

CAT

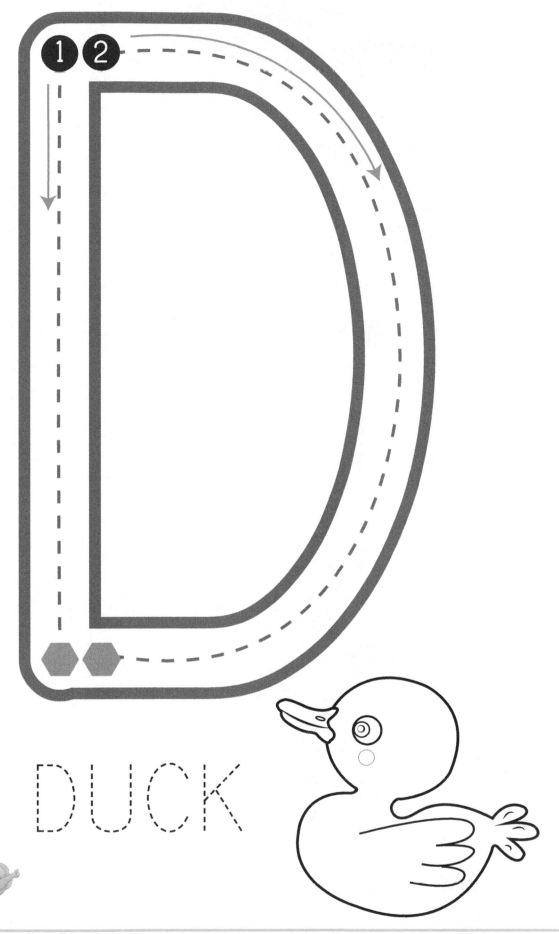

DUCK

A B C **D** E F G H I J K L M N O P Q R S T U V W X Y Z

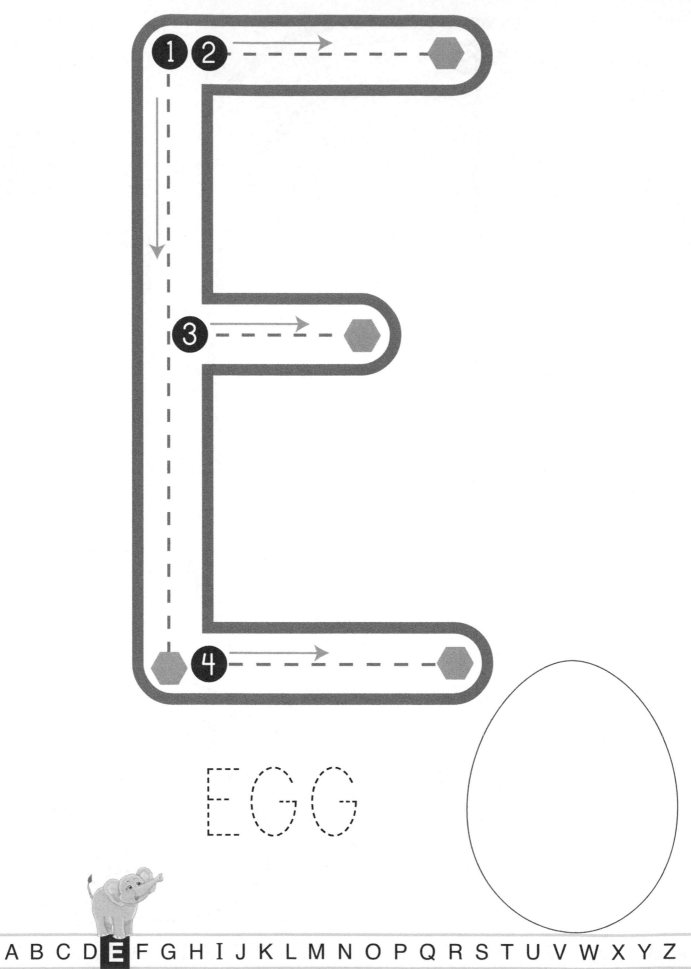

EGG

A B C D E F G H I J K L M N O P Q R S T U V W X Y Z

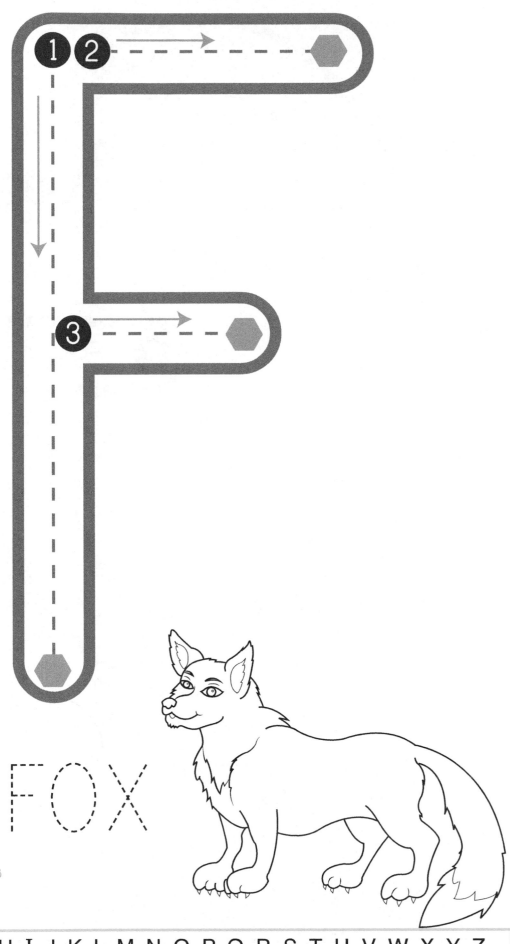

FOX

A B C D E **F** G H I J K L M N O P Q R S T U V W X Y Z

GOAT

A B C D E F **G** H I J K L M N O P Q R S T U V W X Y Z

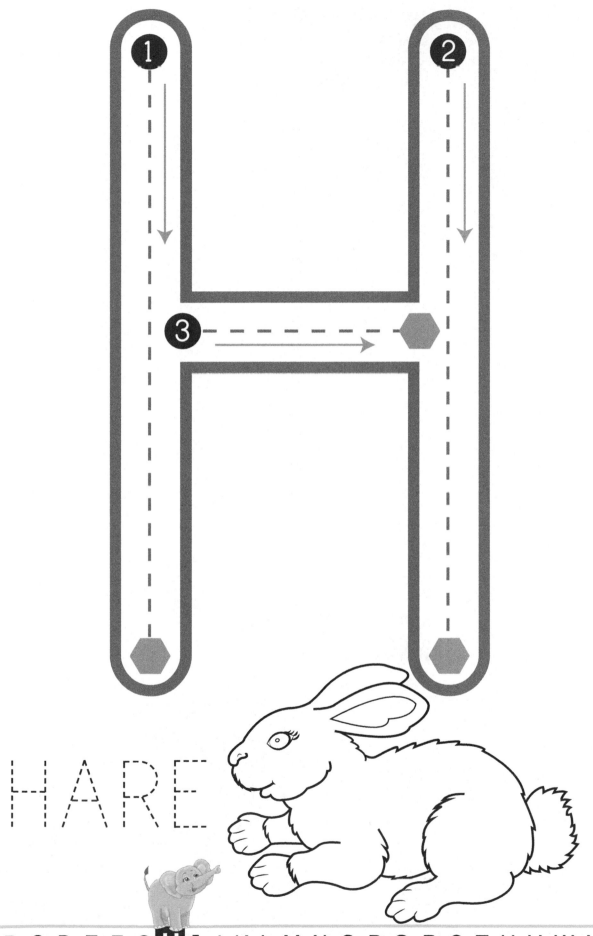

HARE

A B C D E F G **H** I J K L M N O P Q R S T U V W X Y Z

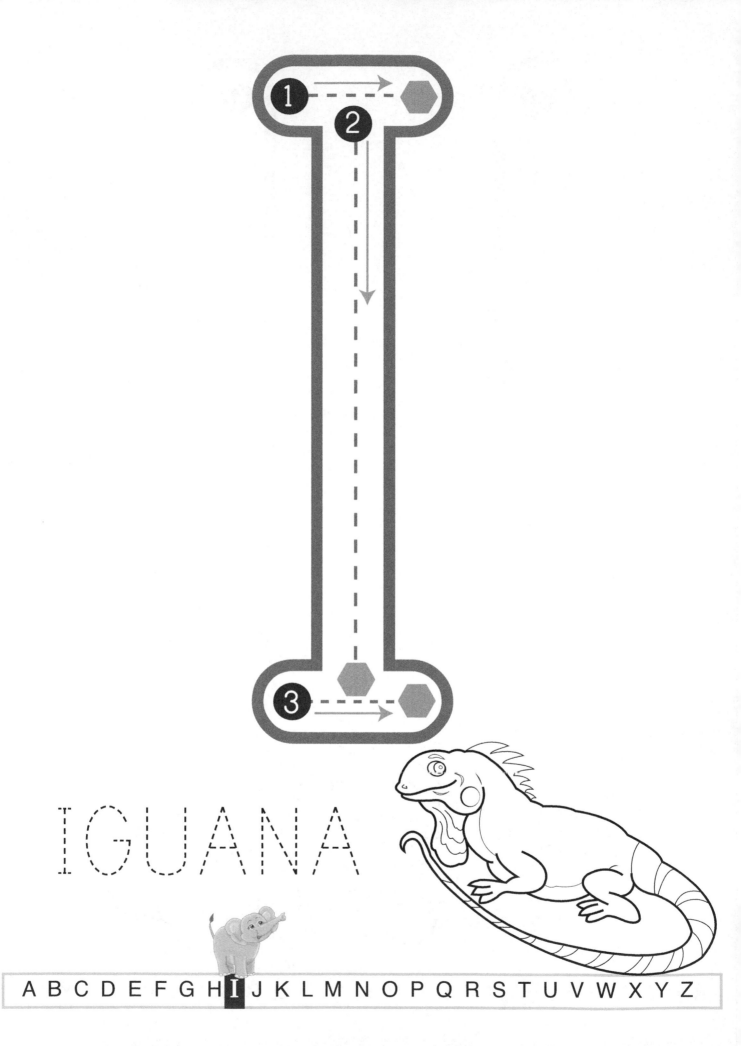

IGUANA

A B C D E F G H I J K L M N O P Q R S T U V W X Y Z

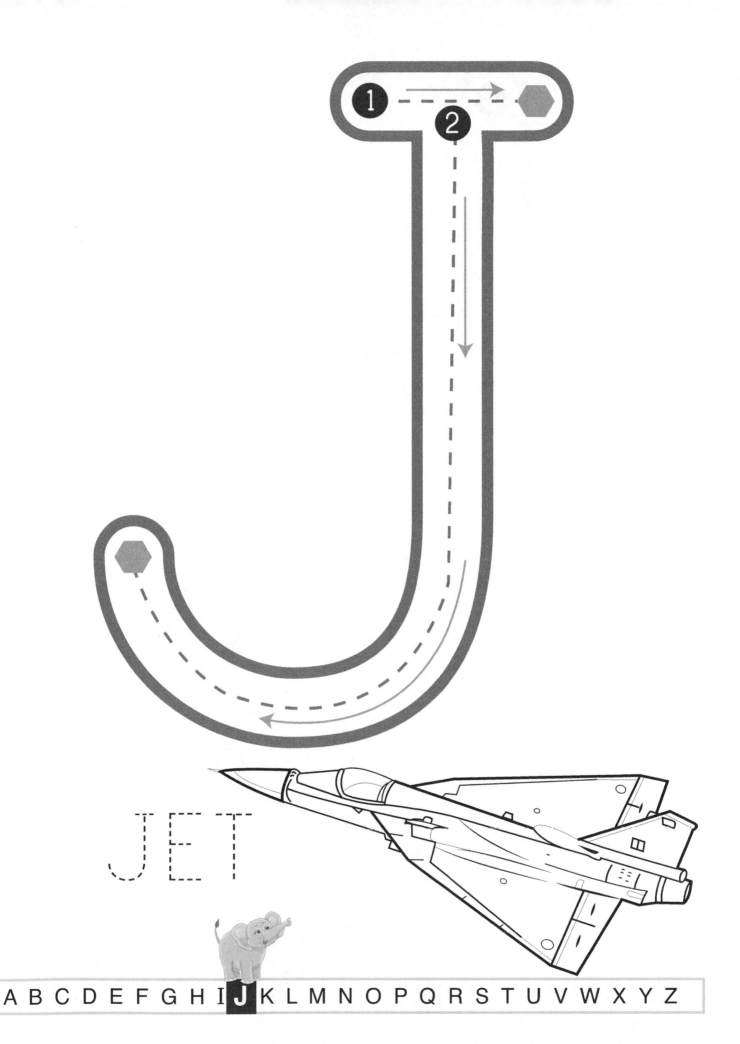

JET

A B C D E F G H I **J** K L M N O P Q R S T U V W X Y Z

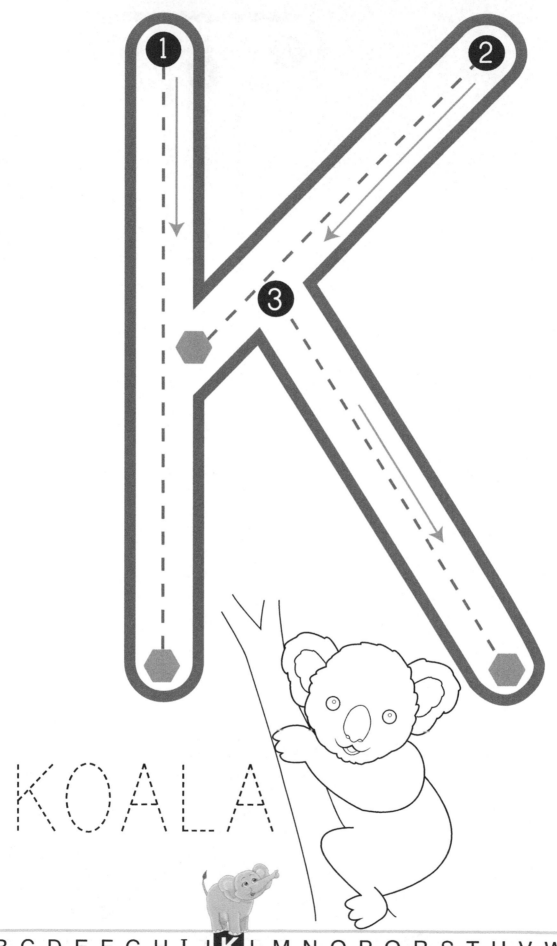

KOALA

LION

A B C D E F G H I J K **L** M N O P Q R S T U V W X Y Z

MOTH

A B C D E F G H I J K L **M** N O P Q R S T U V W X Y Z

NEST

A B C D E F G H I J K L M **N** O P Q R S T U V W X Y Z

O W L

A B C D E F G H I J K L M N **O** P Q R S T U V W X Y Z

PANDA

A B C D E F G H I J K L M N O **P** Q R S T U V W X Y Z

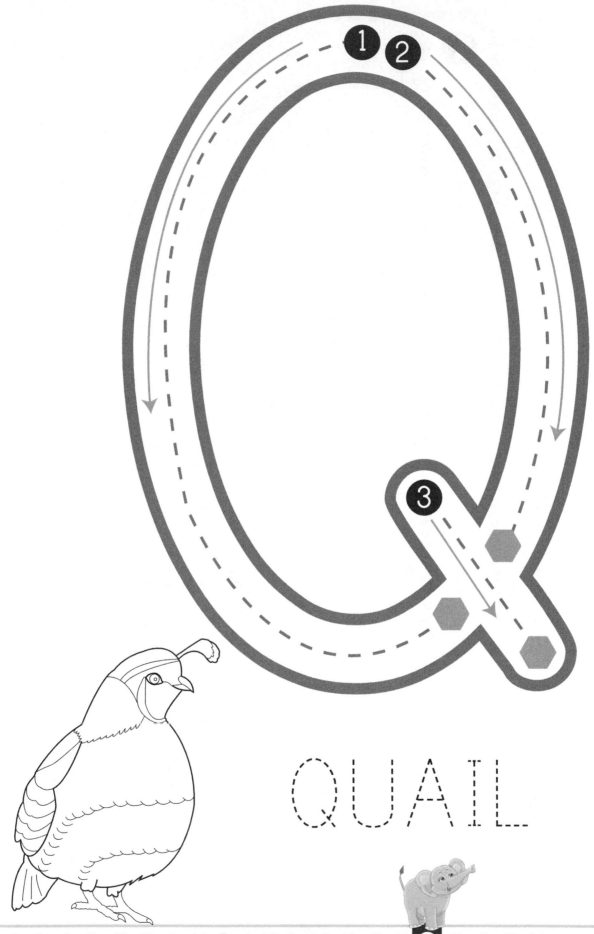

QUAIL

A B C D E F G H I J K L M N O P **Q** R S T U V W X Y Z

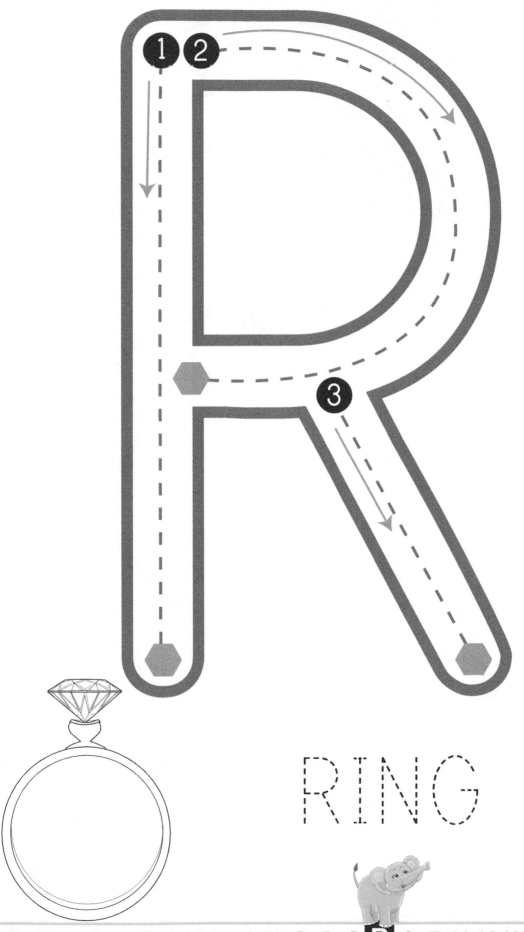

RING

A B C D E F G H I J K L M N O P Q R S T U V W X Y Z

SANTA

A B C D E F G H I J K L M N O P Q R **S** T U V W X Y Z

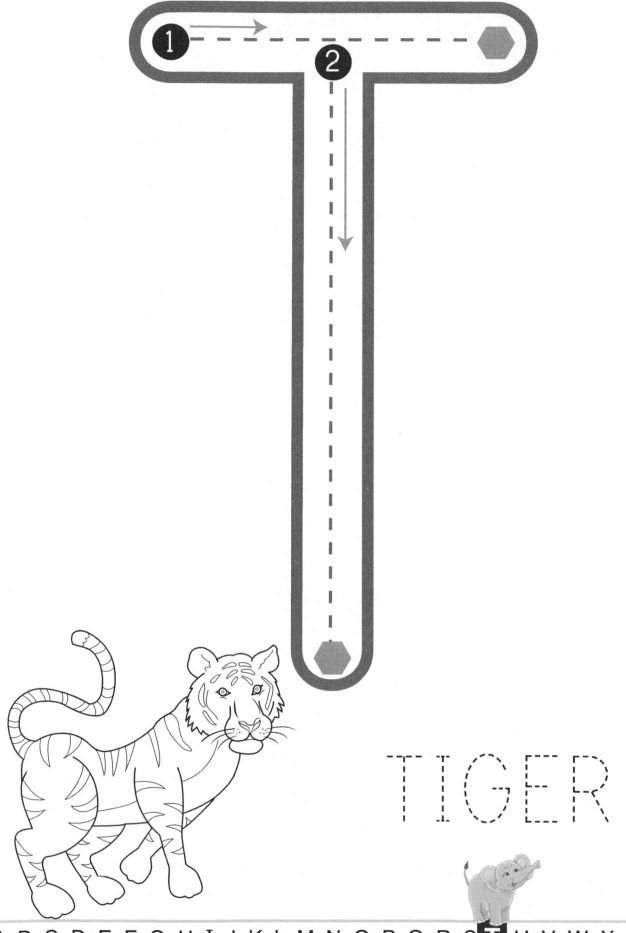

TIGER

A B C D E F G H I J K L M N O P Q R S **T** U V W X Y Z

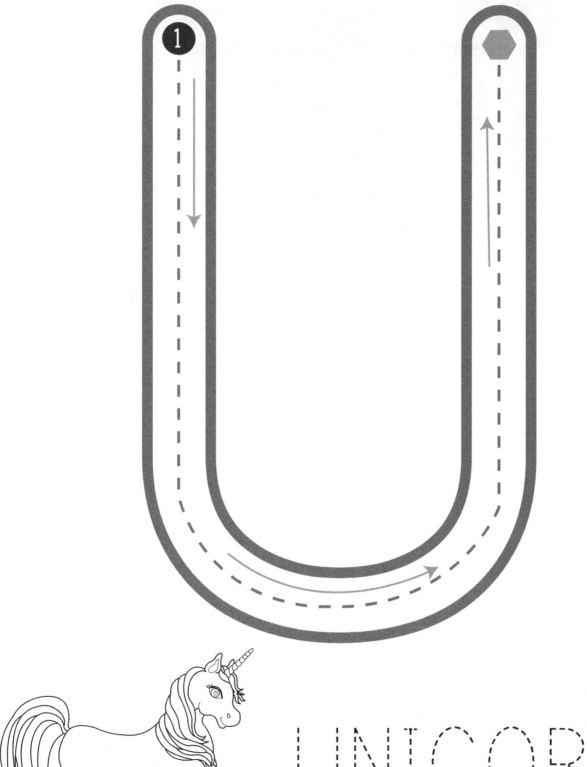

UNICORN

A B C D E F G H I J K L M N O P Q R S T **U** V W X Y Z

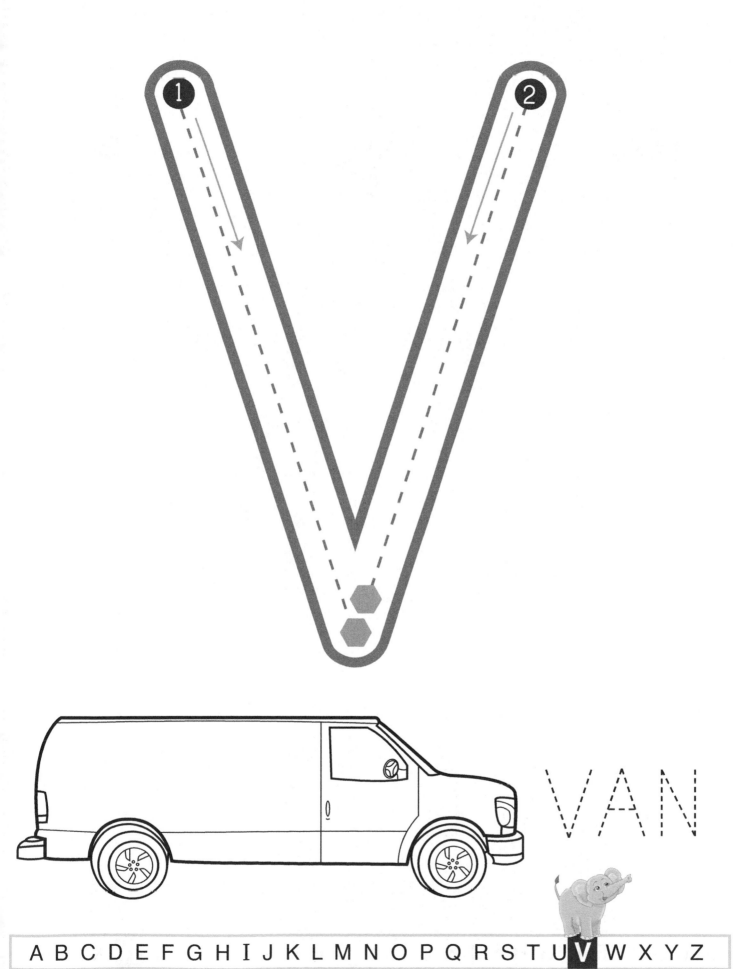

V A N

A B C D E F G H I J K L M N O P Q R S T U **V** W X Y Z

WHALE

A B C D E F G H I J K L M N O P Q R S T U V **W** X Y Z

XRAY FISH

A B C D E F G H I J K L M N O P Q R S T U V W **X** Y Z

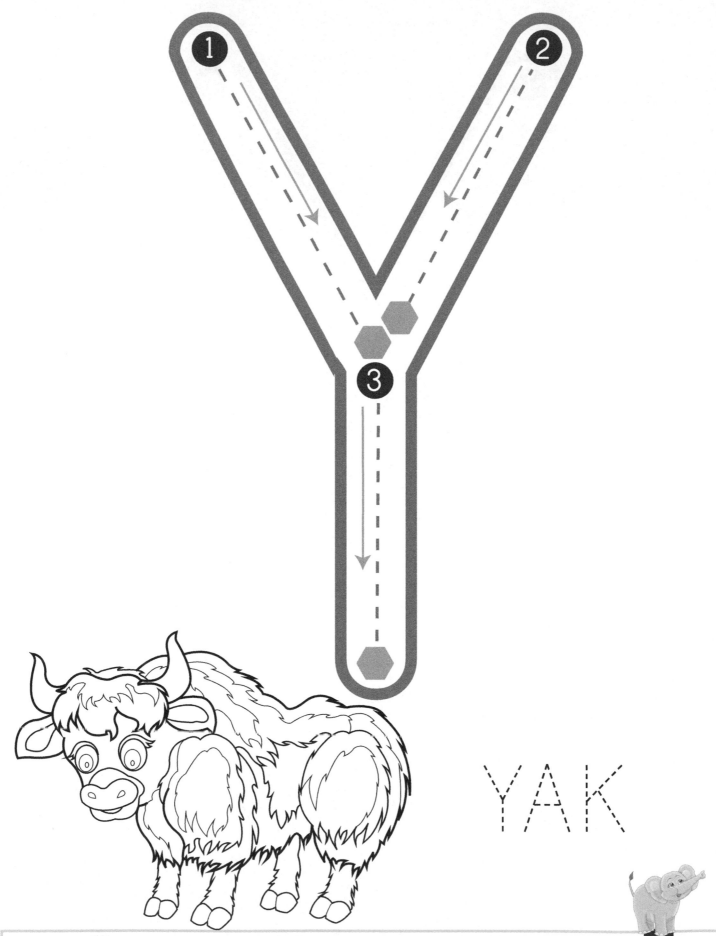

YAK

A B C D E F G H I J K L M N O P Q R S T U V W X **Y** Z

ZEBRA

A B C D E F G H I J K L M N O P Q R S T U V W X Y Z

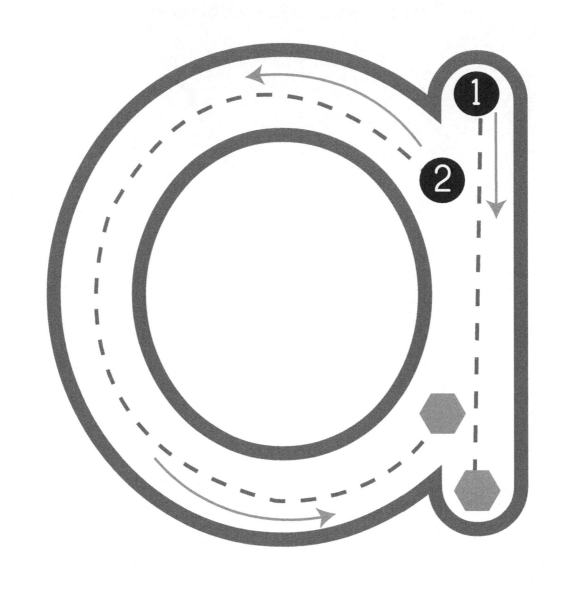

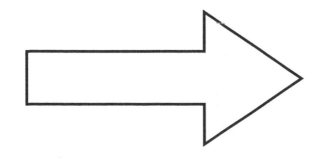

arrow

a b c d e f g h i j k l m n o p q r s t u v w x y z

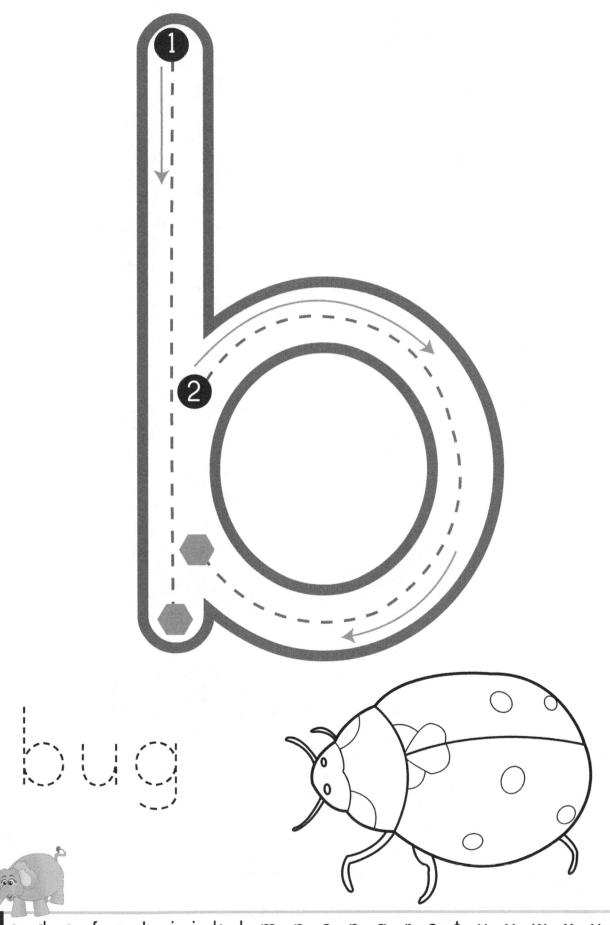

bug

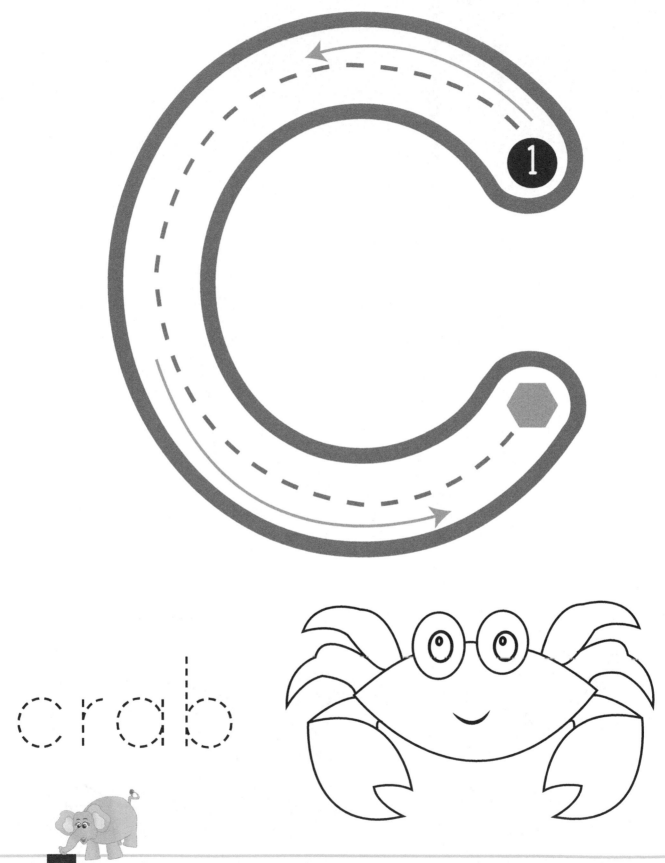

crab

deer

elephant

a b c d **e** f g h i j k l m n o p q r s t u v w x y z

fish

a b c d e **f** g h i j k l m n o p q r s t u v w x y z

gift

a b c d e f **g** h i j k l m n o p q r s t u v w x y z

horse

a b c d e f g **h** i j k l m n o p q r s t u v w x y z

igloo

j a r

a b c d e f g h i **j** k l m n o p q r s t u v w x y z

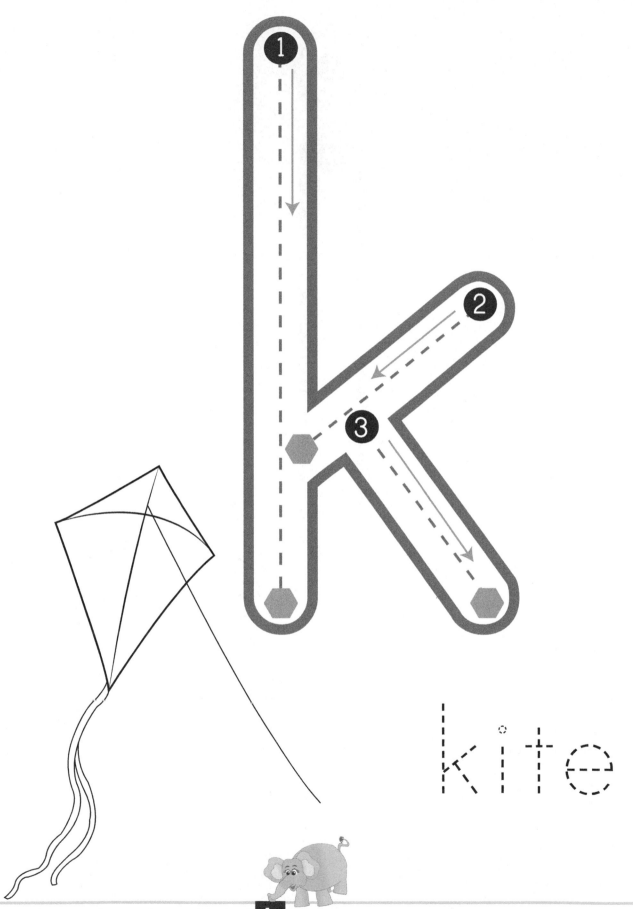

kite

leaf

a b c d e f g h i j k **l** m n o p q r s t u v w x y z

mouse

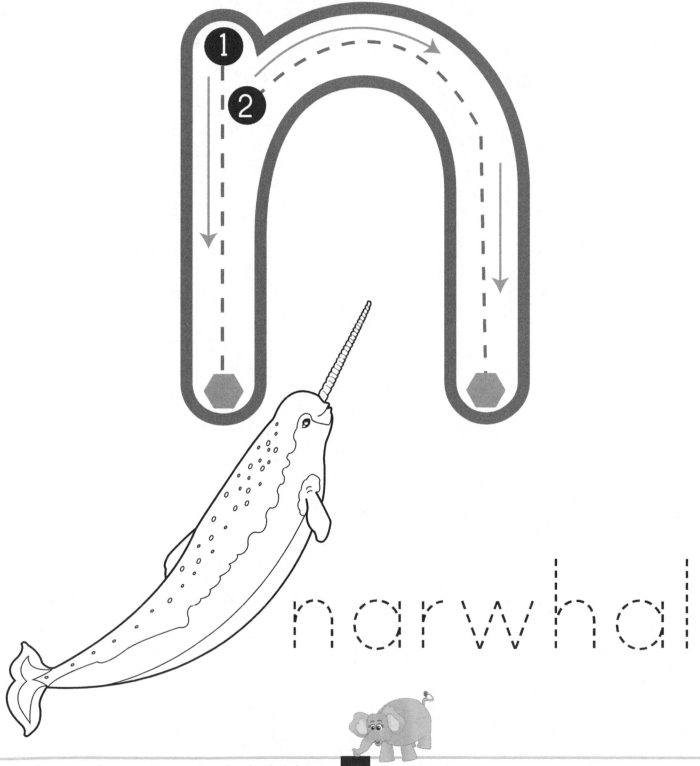

narwhal

a b c d e f g h i j k l m **n** o p q r s t u v w x y z

orca

a b c d e f g h i j k l m n **o** p q r s t u v w x y z

pencil

a b c d e f g h i j k l m n o **p** q r s t u v w x y z

q u e e n

a b c d e f g h i j k l m n o p **q** r s t u v w x y z

rose

a b c d e f g h i j k l m n o p q **r** s t u v w x y z

snail

a b c d e f g h i j k l m n o p q r **s** t u v w x y z

tree

umbrella

a b c d e f g h i j k l m n o p q r s t **u** v w x y z

vase

walrus

a b c d e f g h i j k l m n o p q r s t u v **w** x y z

xmas
tree

a b c d e f g h i j k l m n o p q r s t u v w **x** y z

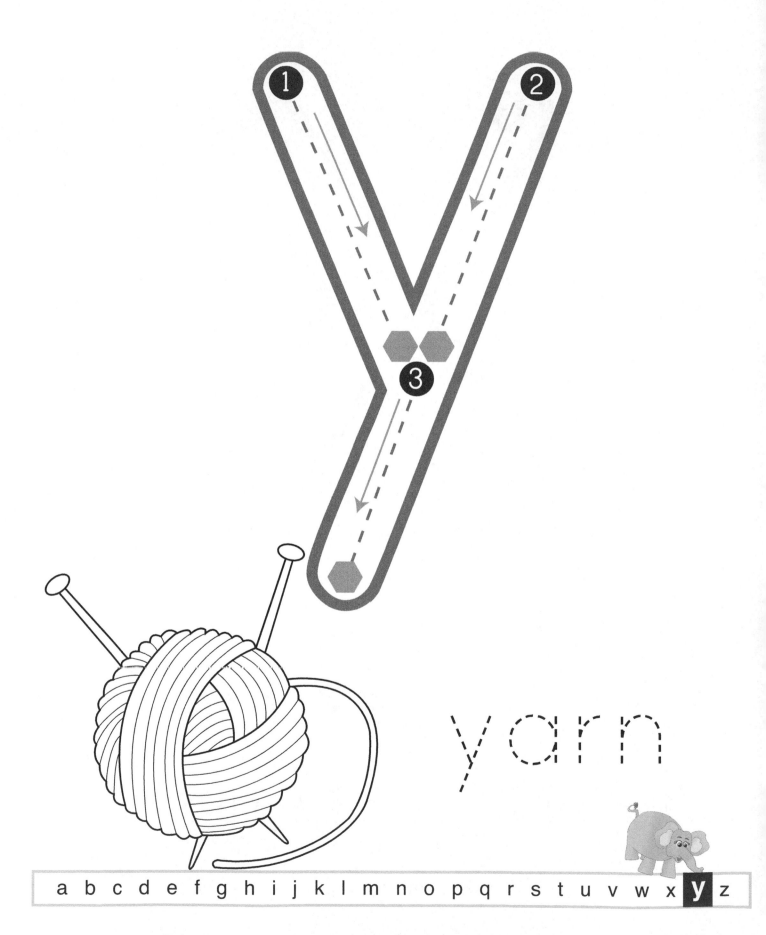

yarn

Z O O

a b c d e f g h i j k l m n o p q r s t u v w x y z

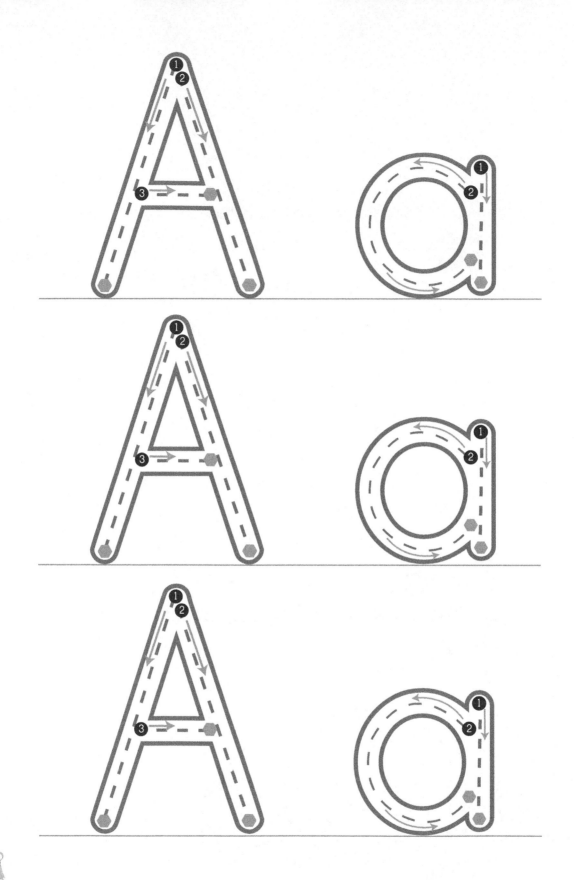

Aa	Bb	Cc	Dd	Ee	Ff	Gg	Hh	Ii	Jj	Kk	Ll	Mm
Nn	Oo	Pp	Qq	Rr	Ss	Tt	Uu	Vv	Ww	Xx	Yy	Zz

Aa **Bb** Cc Dd Ee Ff Gg Hh Ii Jj Kk Ll Mm
Nn Oo Pp Qq Rr Ss Tt Uu Vv Ww Xx Yy Zz

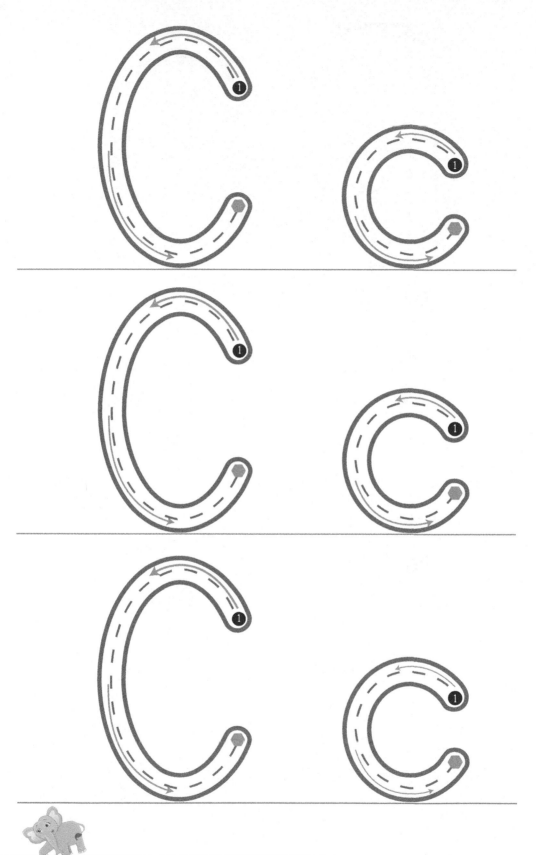

Aa Bb **Cc** Dd Ee Ff Gg Hh Ii Jj Kk Ll Mm
Nn Oo Pp Qq Rr Ss Tt Uu Vv Ww Xx Yy Zz

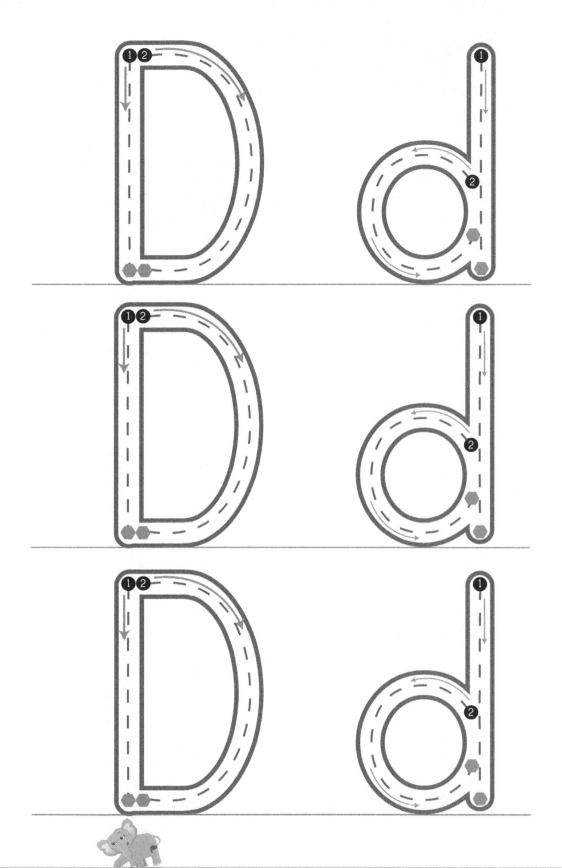

Aa Bb Cc **Dd** Ee Ff Gg Hh Ii Jj Kk Ll Mm
Nn Oo Pp Qq Rr Ss Tt Uu Vv Ww Xx Yy Zz

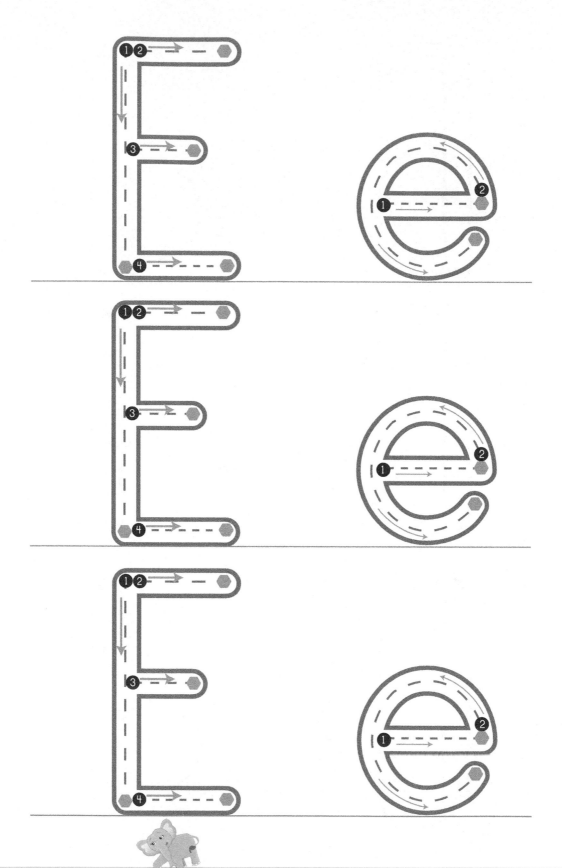

Aa Bb Cc Dd **Ee** Ff Gg Hh Ii Jj Kk Ll Mm
Nn Oo Pp Qq Rr Ss Tt Uu Vv Ww Xx Yy Zz

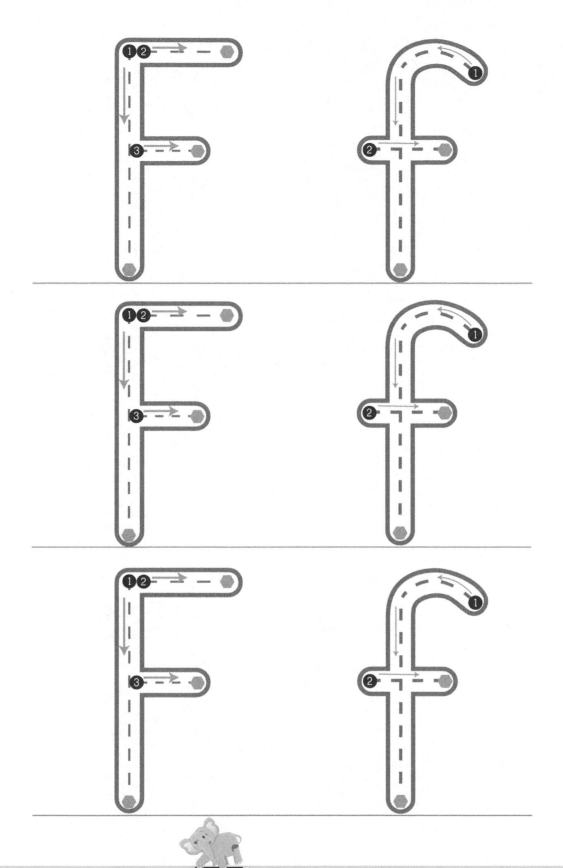

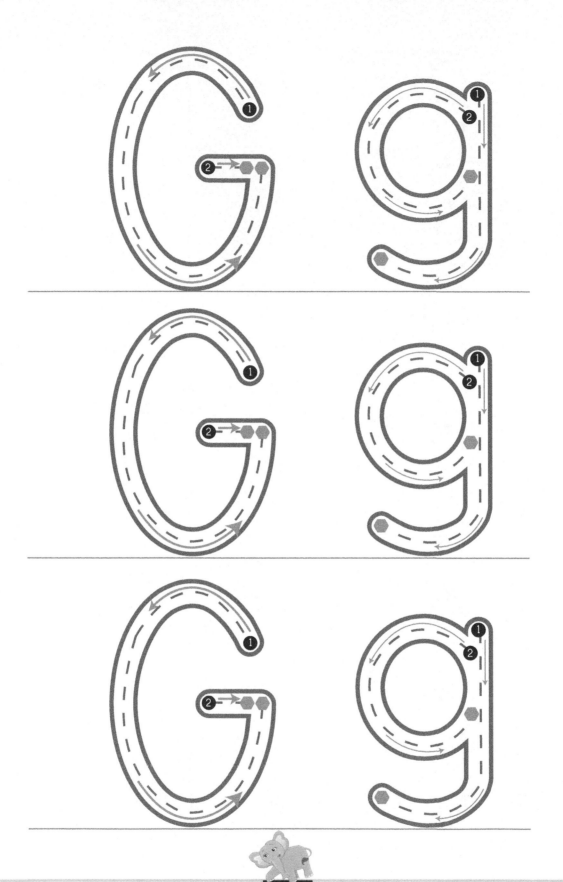

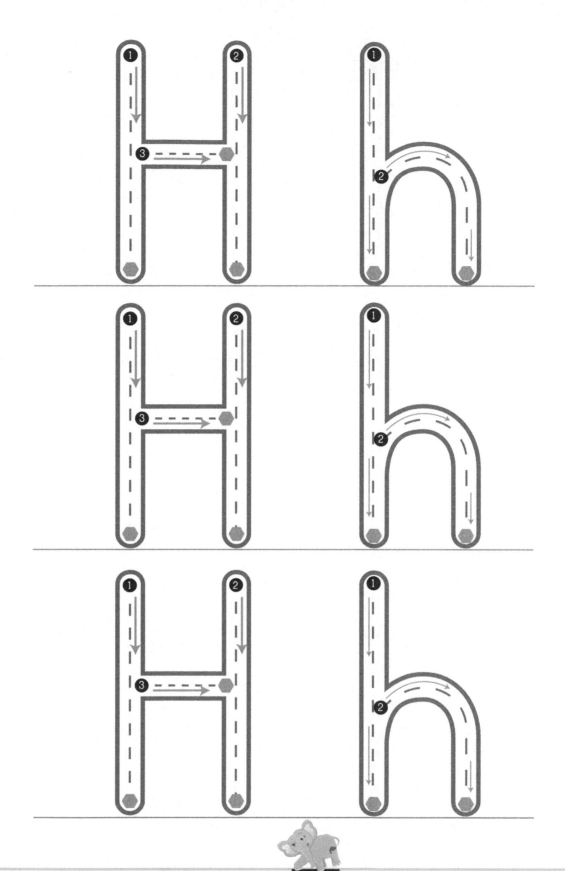

Aa Bb Cc Dd Ee Ff Gg **Hh** Ii Jj Kk Ll Mm
Nn Oo Pp Qq Rr Ss Tt Uu Vv Ww Xx Yy Zz

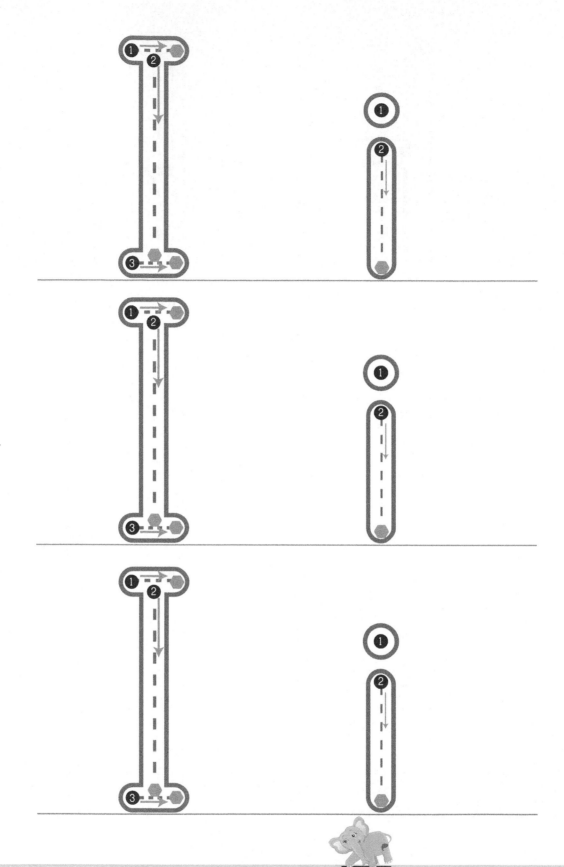

Aa Bb Cc Dd Ee Ff Gg Hh **Ii** Jj Kk Ll Mm
Nn Oo Pp Qq Rr Ss Tt Uu Vv Ww Xx Yy Zz

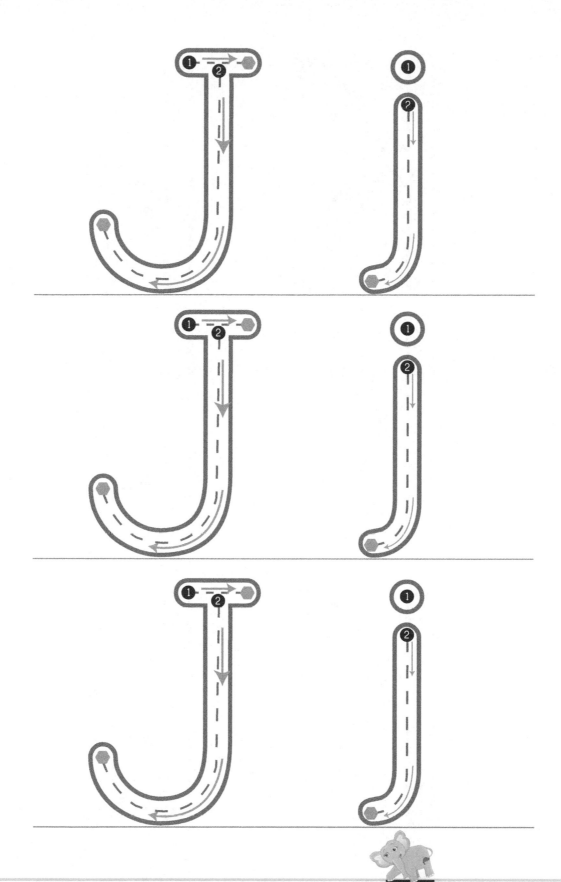

Aa Bb Cc Dd Ee Ff Gg Hh Ii **Jj** Kk Ll Mm
Nn Oo Pp Qq Rr Ss Tt Uu Vv Ww Xx Yy Zz

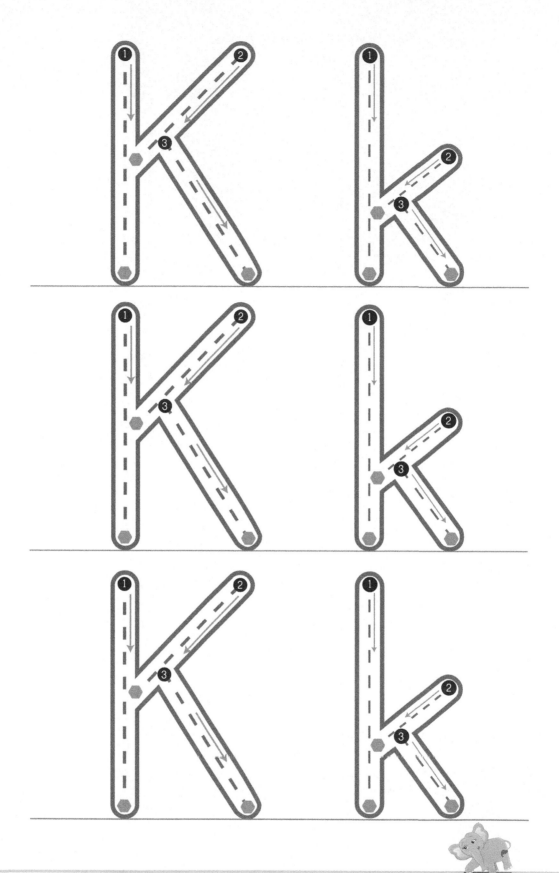

Aa Bb Cc Dd Ee Ff Gg Hh Ii Jj **Kk** Ll Mm
Nn Oo Pp Qq Rr Ss Tt Uu Vv Ww Xx Yy Zz

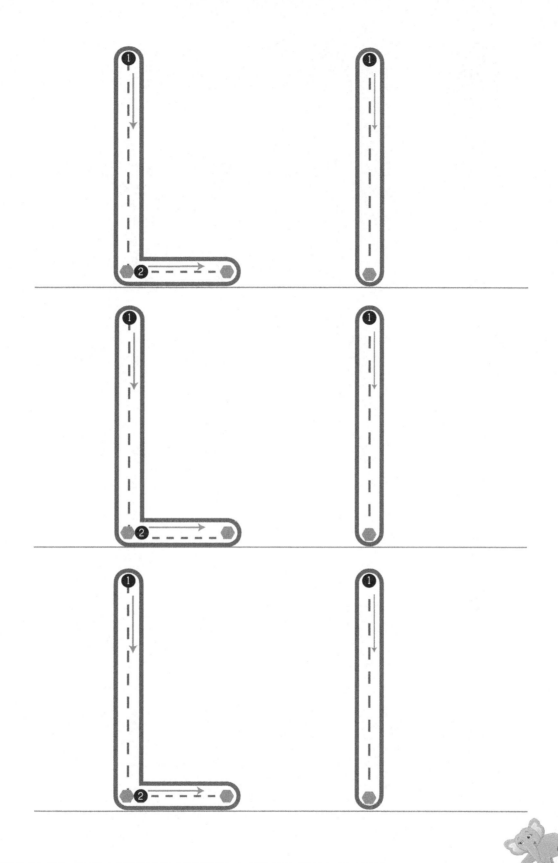

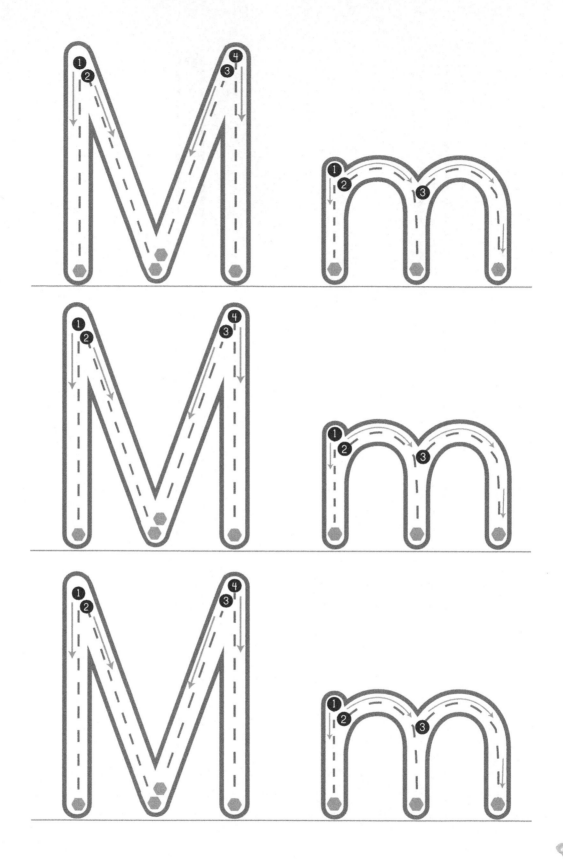

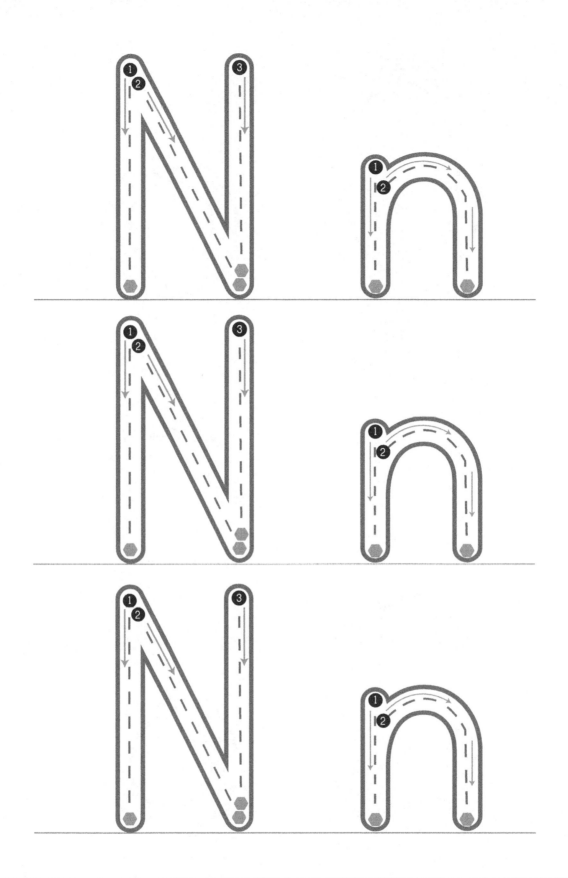

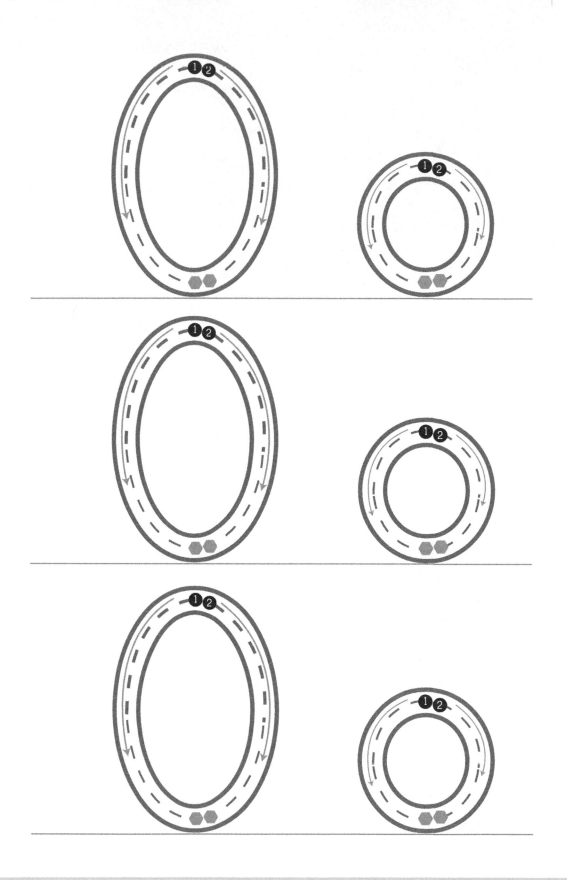

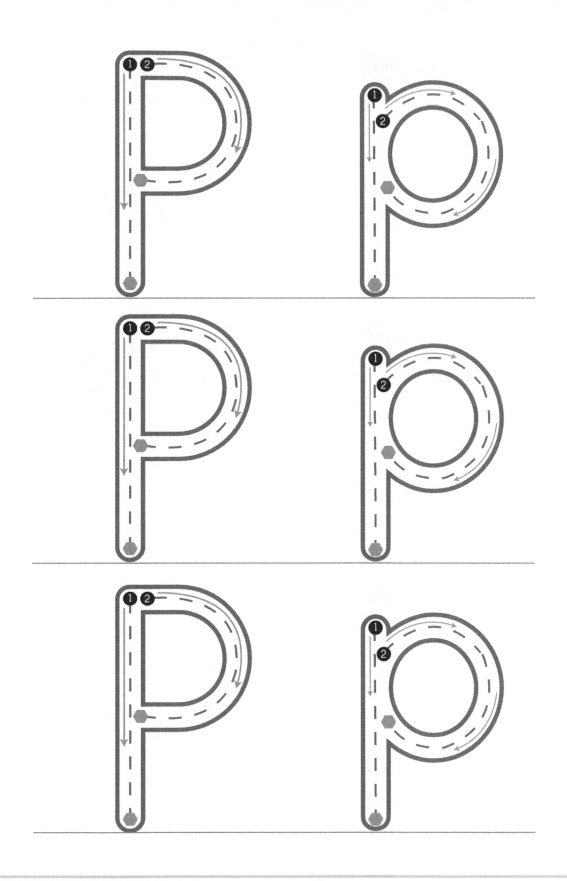

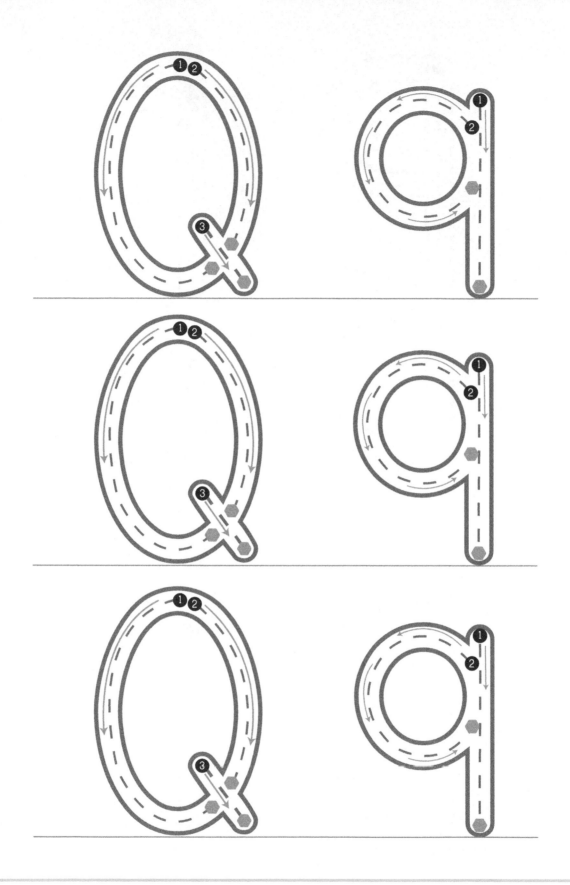

Aa Bb Cc Dd Ee Ff Gg Hh Ii Jj Kk Ll Mm
Nn Oo Pp **Qq** Rr Ss Tt Uu Vv Ww Xx Yy Zz

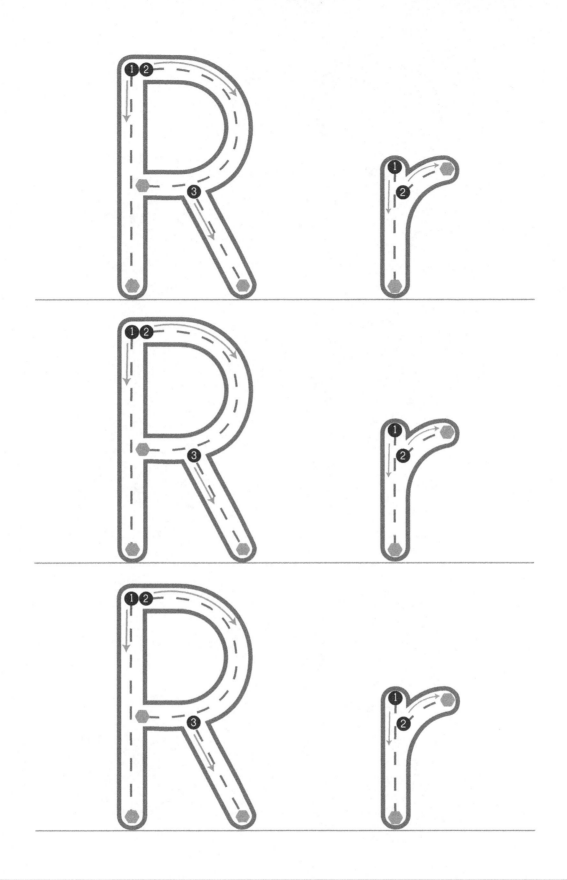

Aa Bb Cc Dd Ee Ff Gg Hh Ii Jj Kk Ll Mm

Nn Oo Pp Qq Rr **Ss** Tt Uu Vv Ww Xx Yy Zz

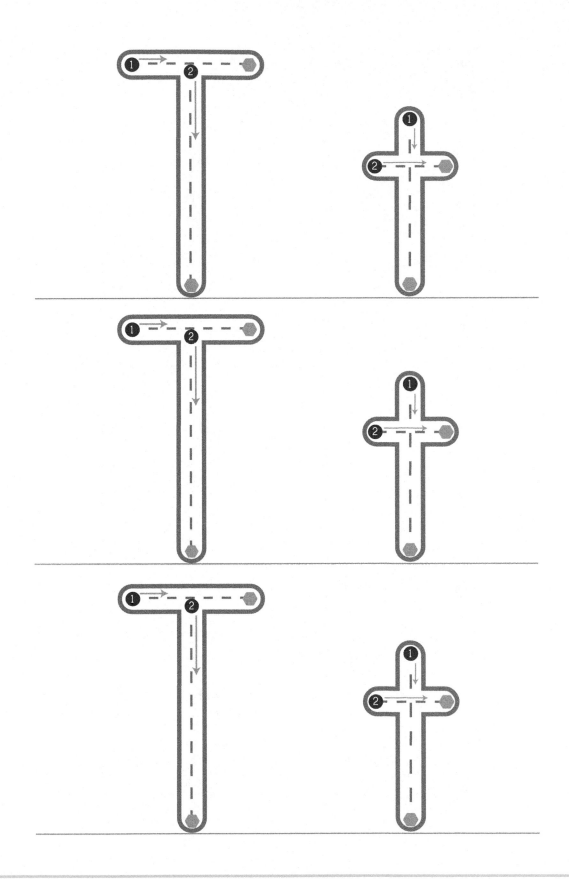

Aa   Bb   Cc   Dd   Ee   Ff   Gg   Hh   Ii   Jj   Kk   Ll   Mm

Nn   Oo   Pp   Qq   Rr   Ss   **Tt**   Uu   Vv   Ww   Xx   Yy   Zz

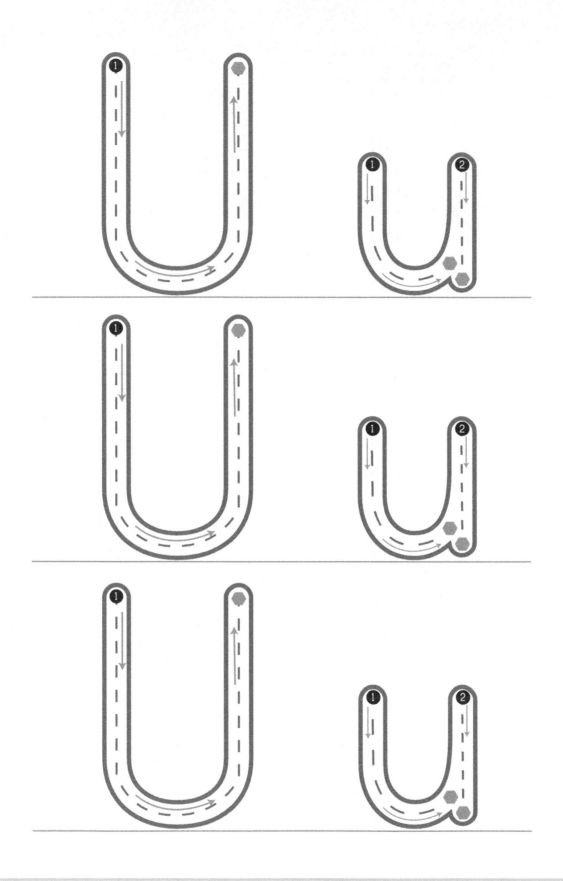

Aa Bb Cc Dd Ee Ff Gg Hh Ii Jj Kk Ll Mm
Nn Oo Pp Qq Rr Ss Tt **Uu** Vv Ww Xx Yy Zz

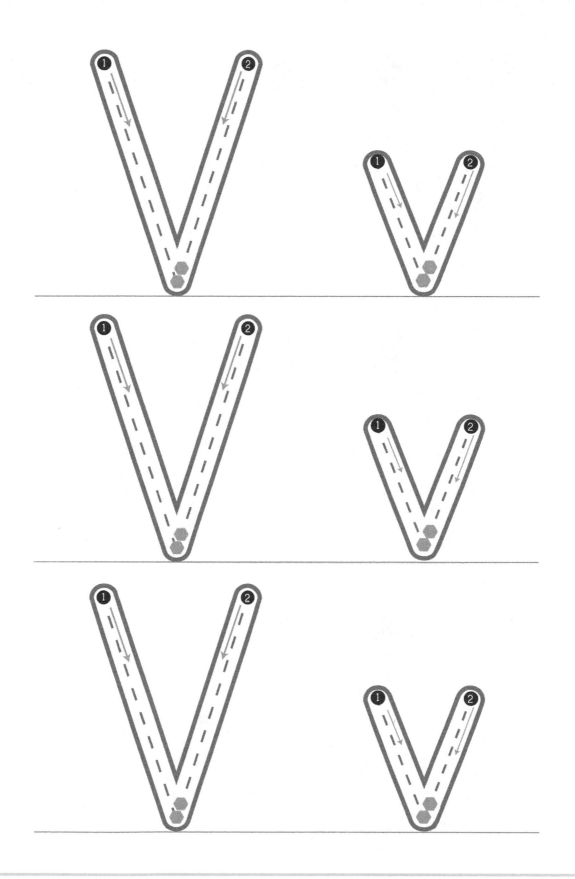

Aa Bb Cc Dd Ee Ff Gg Hh Ii Jj Kk Ll Mm
Nn Oo Pp Qq Rr Ss Tt Uu **Vv** Ww Xx Yy Zz

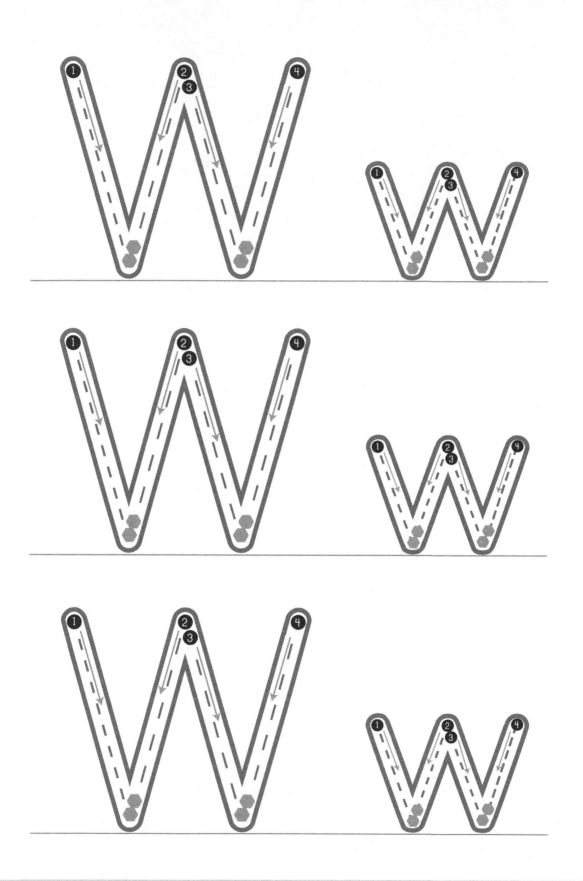

Aa Bb Cc Dd Ee Ff Gg Hh Ii Jj Kk Ll Mm
Nn Oo Pp Qq Rr Ss Tt Uu Vv **Ww** Xx Yy Zz

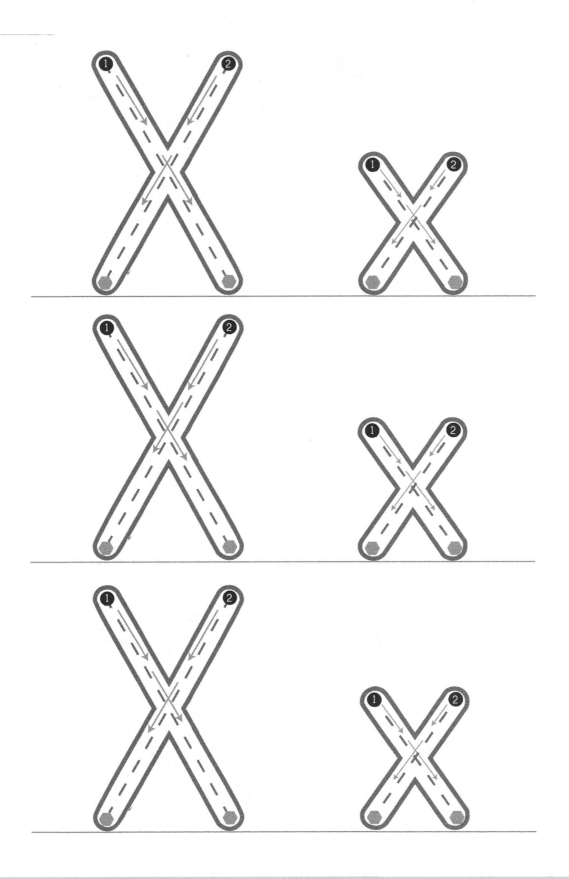

Aa	Bb	Cc	Dd	Ee	Ff	Gg	Hh	Ii	Jj	Kk	Ll	Mm
Nn	Oo	Pp	Qq	Rr	Ss	Tt	Uu	Vv	Ww	**Xx**	Yy	Zz

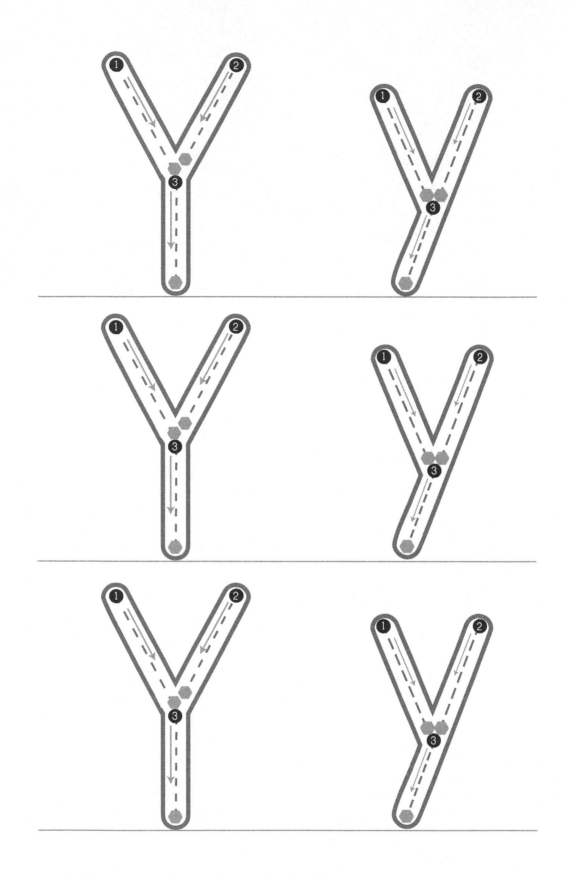

Aa Bb Cc Dd Ee Ff Gg Hh Ii Jj Kk Ll Mm
Nn Oo Pp Qq Rr Ss Tt Uu Vv Ww Xx **Yy** Zz

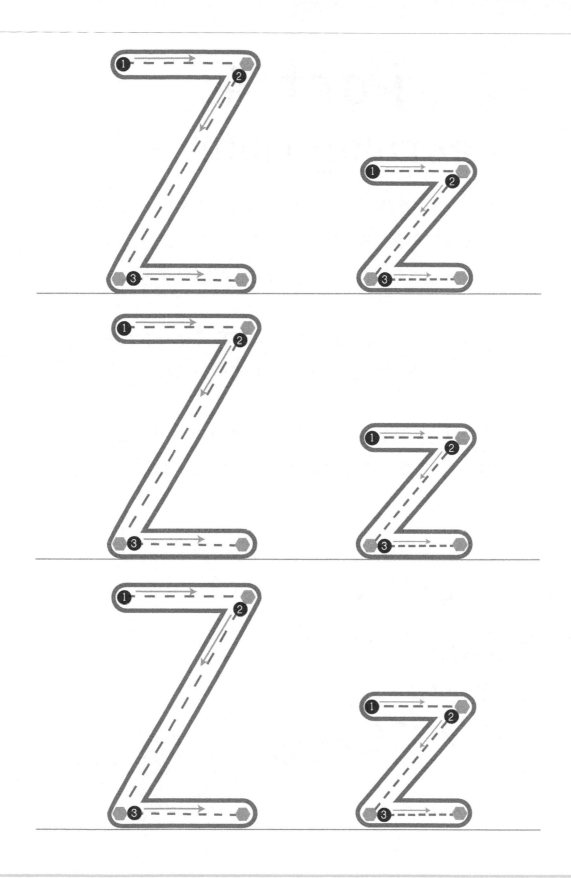

Aa   Bb   Cc   Dd   Ee   Ff   Gg   Hh   Ii   Jj   Kk   Ll   Mm
Nn   Oo   Pp   Qq   Rr   Ss   Tt   Uu   Vv   Ww   Xx   Yy   **Zz**

Part 4:
Learning Numbers

Learn to write numbers (1 - 10)
Follow the arrows and trace the dotted line!
Start at the Circle **1**

First use your fingers to trace
and then use a crayon.

Count and color the pictures
and read the number words out aloud.

You are
AMAZING!

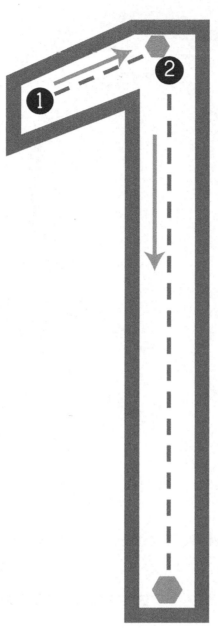

ONE

| 1 | 2 | 3 | 4 | 5 | 6 | 7 | 8 | 9 | 10 |

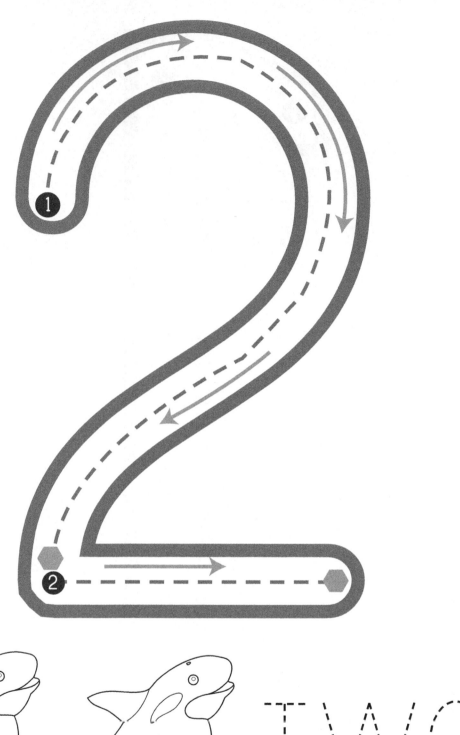

TWO

1 **2** 3 4 5 6 7 8 9 10

THREE

| 1 | 2 | 3 | 4 | 5 | 6 | 7 | 8 | 9 | 10 |

FOUR

| 1 | 2 | 3 | **4** | 5 | 6 | 7 | 8 | 9 | 10 |

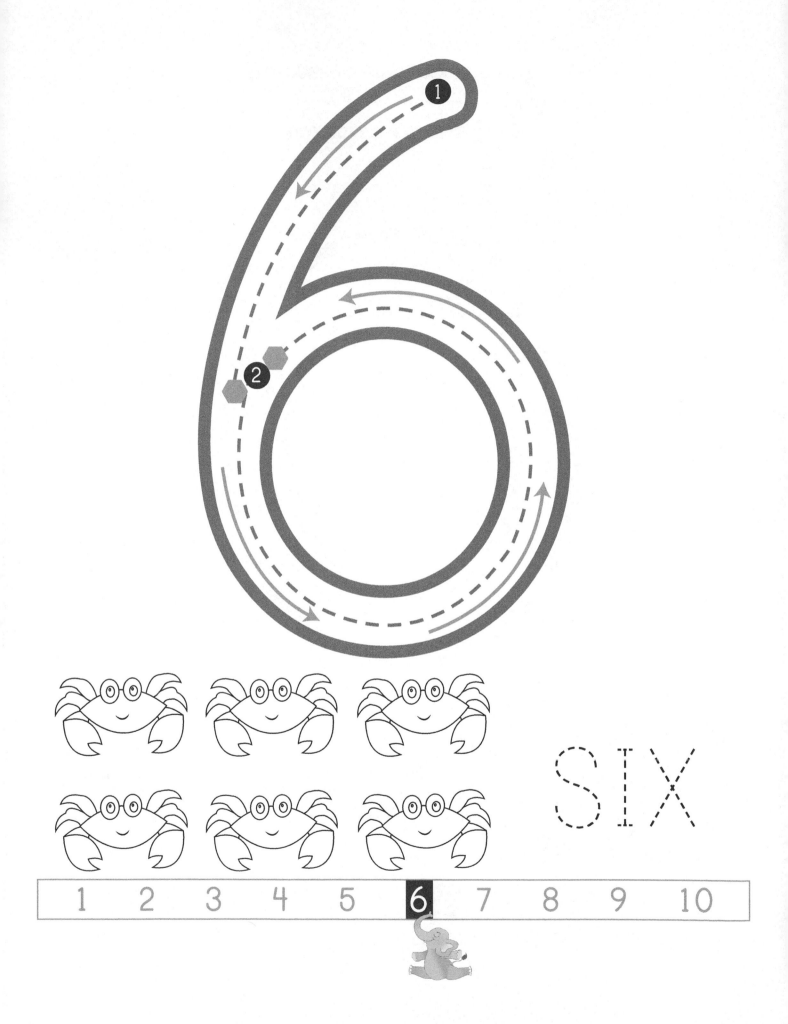

SIX

| 1 | 2 | 3 | 4 | 5 | **6** | 7 | 8 | 9 | 10 |

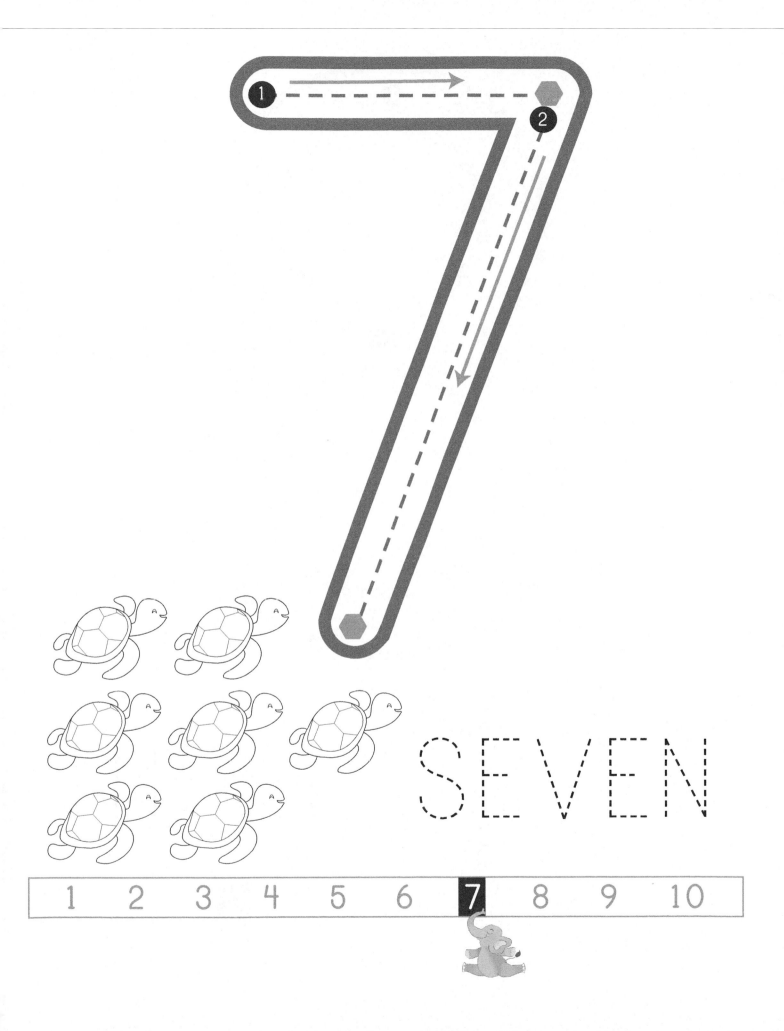

NINE

| 1 | 2 | 3 | 4 | 5 | 6 | 7 | 8 | 9 | 10 |

TEN

1 2 3 4 5 6 7 8 9 10

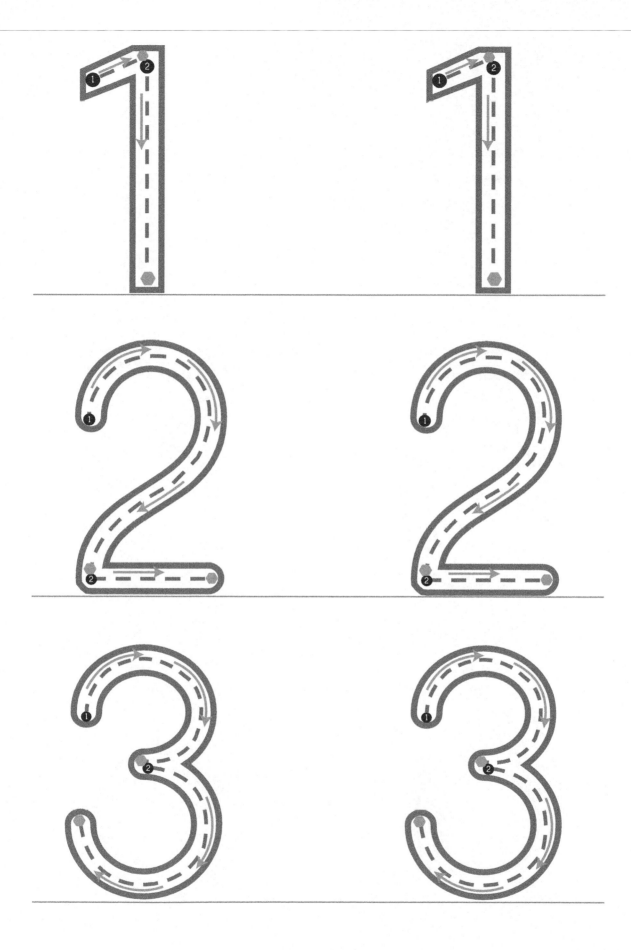

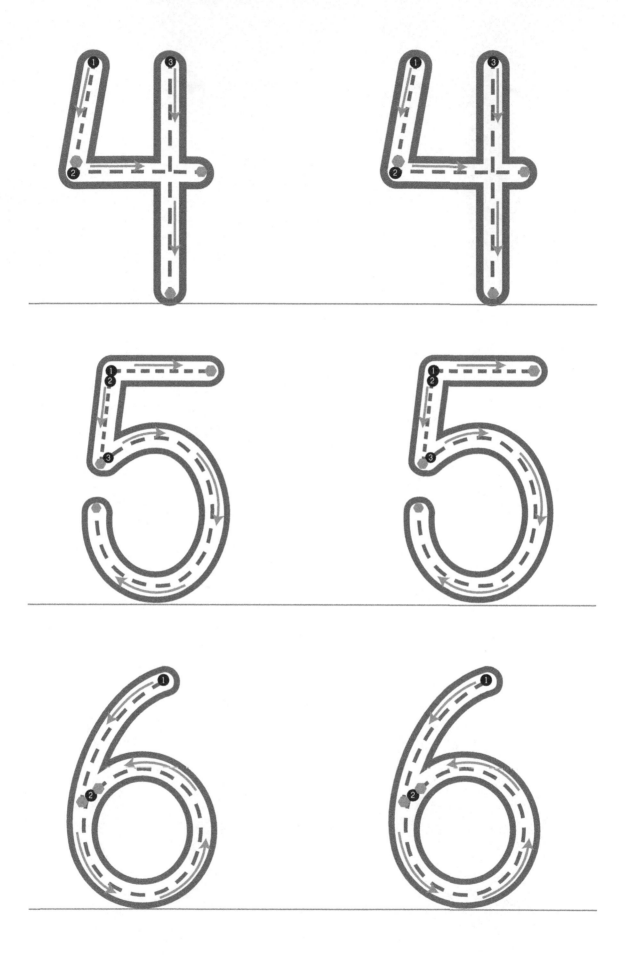

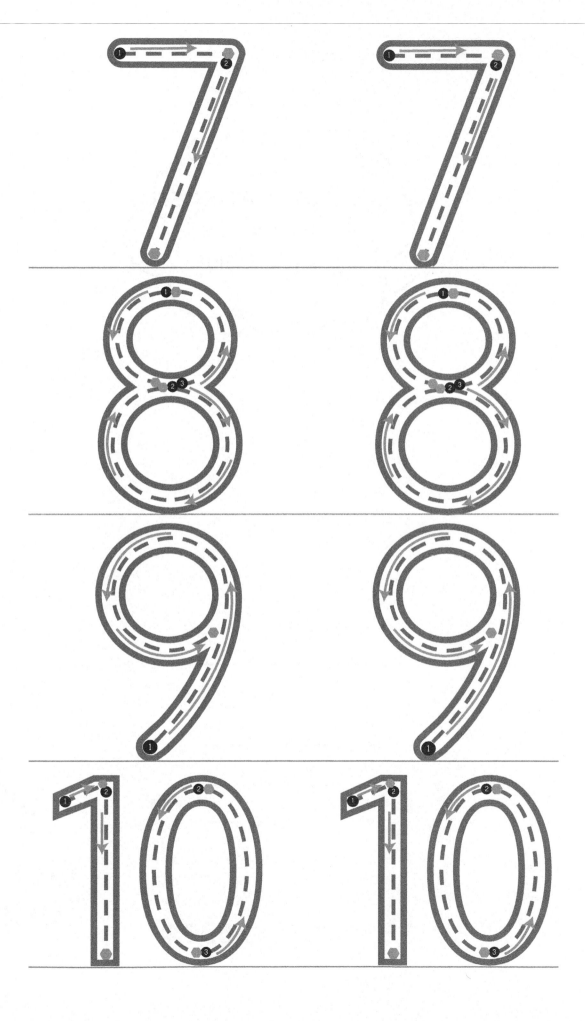

Tracing
Completed ✓

CONGRATULATIONS!
You are a
CHAMPION!

Recommended next skill

Trace Letters: Alphabet

100+ PAGES

Handwriting
Practice Workbook

For Kids Ages 3+

LETTERS

A A A

WORDS

can can

SENTENCES

I can write

✓ COLORING   ✓ SIGHT WORDS

✓
Get it
Today

ISBN: 1686456964

Celebrate your Success!

Share the Joy!

Feel Great Everyday!

Congratulations
Tracing Super Star
Awarded to

_____

For _____

Date _____   Signed _____

Made in the USA
Las Vegas, NV
26 June 2021